Weihnachten ohne Hund? Kaum vorstellbar! Der beste Freund des Menschen hat schon so manches Fest gerettet: einsame Herzen getröstet, kindliche Tränen getrocknet oder die ganze Familie mit seinem tolpatschigen Spiel unterhalten. Manchmal sorgt der geliebte Vierbeiner allerdings auch für handfeste Überraschungen ... Davon erzählen Ernst Jandl, Françoise Sagan, Alfred Polgar, Karen Duve, Shel Silverstein und viele andere. Eva Demski hat die Geschichten ausgewählt und ein Vorwort verfaßt. Ein Buch nicht nur für Hundefreunde!

insel taschenbuch 3460
Weihnachten mit Hund

Weihnachten mit Hund

Ausgewählt von Eva Demski

Insel Verlag

Umschlagabbildung: Sharon Montrose/getty images

insel taschenbuch 3460
Originalausgabe
Erste Auflage 2009

Quellenverzeichnis am Schluß des Bandes
Vertrieb durch den Suhrkamp Taschenbuch Verlag
Umschlag nach Entwürfen von Willy Fleckhaus
Satz: Hümmer GmbH, Waldbüttelbrunn
Druck: CPI – Ebner & Spiegel, Ulm
Printed in Germany
ISBN 978-3-458-35160-3

2 3 4 5 6 – 14 13 12 11 10 09

Inhalt

Eva Demski
Ein Hund für das Glück

Über Weihnachten ist eigentlich alles gesagt, und nicht nur das – alle zwölf Monate wird die Mischung aus Glanz und Elend in alter, notdürftig neu aufpolierter und gewürzter Mischung unter die Leute gebracht. Der Konsum. Die Aggressionen. Der sogenannte Glühweinduft. Die Abwesenheit von Werten. Die Gier. Und daß man doch bitte an Weihnachten keine Tiere verschenken möge, die dann spätestens ab Januar traurig in den Tierheimen säßen oder noch schlimmer, ausgesetzt zugrunde gehen müßten. Es ist wie eine Liturgie, zu der gehört, daß auch ihrer alljährlichen Wiederholung eine Strophe gewidmet wird.

Aber da gibt es nun mal das Fröhliche und Selige, um das man in den späten Dezembertagen nicht herumkommt, es sei denn, man ließe sich ins künstliche Koma versetzen. Auch Flucht in noch so ferne Welten kann sie nicht zum Schweigen bringen, die weihnachtliche Frage nach dem Glück, Weihnachten setzt sich auch an Kokospalmen fest und schneit noch über dem südlichsten Meer, mit hartnäckigen, unausweichlichen Gedankenflocken. In unseren Geschichten werden das Zwangsglück von Weihnachten und das überwältigende Glücksgeschenk, das Hunde geben können, unbedingt geben wollen, wenn man sie denn läßt, zusammengebracht, und zwar auf erstaunliche Art.

Hunde wollen, daß ihr Mensch glücklich ist, gewiß nicht nur zur Weihnachtszeit. Daß es ausgerechnet während dieser hektisch Seligkeit suchenden Zeit im Gebälk knirscht, sich stille oder laute Katastrophen ankündigen, oder, das Schlimmste von allem, die Einsamkeit ihre grauen Finger ausstreckt – wer fühlte das deutlicher als ein Hund? Sie sind doch die bepelzten Lasttiere, denen Gefühle, Wünsche, Enttäuschungen und Unzulänglichkeiten des Menschenlebens aufgebürdet werden, und wie gern und bereitwillig sie sie tragen, erschüttert uns, auch in diesen Geschichten, immer von neuem.

und ich bin nur ein hund läßt Ernst Jandl den Hund sagen. In den Geschichten, zumal in den älteren, muß er unglaublich viel ertragen, der Hund. Manchmal ist es kaum auszuhalten, wie bitter die weihnachtliche Traurigkeit und Armut schmeckt. Aber der Hund tröstet, weil er nichts anderes kann. Die Misanthropie, jenes unter Samt versteckte Mißtrauen gegen den Wert des Menschengeschlechts, das den Katzen eigen ist, haben Hunde nicht. Sie retten Vertrauen und Zuneigung durch die häßlichsten Erfahrungen hindurch, man kann mit ihnen betteln, sie hungern lassen, in ihr Fell weinen oder der Welt den Rücken kehren. Sie werden immer den Eindruck erwecken, grade das mache sie glücklich. Sie finden ihre Menschen schön, klug und wohlriechend. Grade an Weihnachten, wo wir, wie Hirten und Könige in der biblischen Geschichte uns vormachten, mit Ochs und Esel zusammen einander zugeneigt sein sollten, passiert allenthalben das Gegenteil. Ein bißchen öffentliche Wohltätigkeit und eine halbe Stunde mit Cognacbohnen bei der Oma im Altersheim, aber dann möglichst nichts mehr von der Welt sehen und in die vertrauten Rituale flüchten, zu denen oft unbekömmliches Essen oder Ehekrach gehören.

Ein Hund kann einem in aller Unschuld einen Strich durch die Rechnung machen. Beim christnächtlichen Gassigehen zum Beispiel kann man andere Herrchen kennenlernen, die auf Luftschächten und in Kaufhauseingängen wohnen. Auch deren Hunde verteilen Glück und Liebe mit verschwenderischen Pfoten.

Gewiß ist es richtig, vor lebendigen Wesen als Weihnachtsgeschenk zu warnen, auch wenn es wenig nützt, denn Menschen können dumm sein und neigen zu emotionalen Kurzschlußhandlungen. Man kann das sehr schön daran sehen, daß Zehntausende, die noch vor kurzem nicht wußten, daß es portugiesische Wasserhunde überhaupt gibt, seit Präsident Obamas Bo nicht mehr ohne einen solchen leben wollen.

Daß ein Hund ein Geschenk ist, kann man an allen Tagen des Jahres erfahren, aber auch, daß wir uns das Geschenk verdienen müssen. Ein Hund wendet sich so gut wie nie ab, das ist das herzzerreißende an ihnen, auch in unseren Geschichten. Es ist an den Menschen, ihnen keinen Grund dafür zu geben und sich gebührend dankbar zu erweisen.

Bevor wir also ausprobieren, ob wir viele Jahre lang Liebe und Vertrauen so erwidern können, wie es sich gehört, sollten wir erst einmal die geschriebenen Hunde in unser Herz lassen. Auch ihr Fell wärmt – und das nicht nur an Weihnachten.

Ernst Jandl
ernst jandls weihnachtslied

machet auf den türel
machet auf den türel
dann kann herein das herrel
dann kann herein das herrel
froe weihnacht
froe weihnacht
und ich bin nur ein hund
froe weihnacht
froe weihnacht
und ich bin nur ein hund

Françoise Sagan
Eine Hundenacht

Monsieur Ximenestre hatte viel Ähnlichkeit mit einer Zeichnung von Chaval. Er war korpulent und sah etwas schwachsinnig, aber im übrigen sympathisch aus. Doch jetzt, Anfang Dezember, trug er einen so bekümmerten Ausdruck zur Schau, daß jeder Vorübergehende, der ein Herz besaß, das törichte Verlangen verspürte, ihn anzusprechen. Der Grund für seinen Kummer waren die bevorstehenden Feiertage, denen Monsieur Ximenestre, sonst ein guter Christ, in diesem Jahr voll Abscheu entgegensah, denn er hatte keinen Pfennig, um Madame Ximenestre zu beschenken, die indes sehr erpicht darauf war, seinen Sohn Charles, einen Nichtsnutz, und seine Tochter Augusta, eine vortreffliche Calypsotänzerin. Nicht einen Pfennig, so war die Lage. Und weder stand eine Gehaltserhöhung in Aussicht, noch kam eine Kreditaufnahme in Frage. Die eine hatte er schon erhalten, die andere war bereits in Anspruch genommen, ohne daß Madame Ximenestre und die Kinder es wußten, und zwar, um dem neuen Laster desjenigen zu frönen, der doch ihr Ernährer hätte sein sollen: der unheilvollen Spielleidenschaft von Monsieur Ximenestre. Es war nicht das gewöhnliche Spiel, bei dem das Gold auf dem grünen Filz des Spieltischs rollt, auch nicht jenes, bei dem Pferde auf der grünen Rasenmatte keuchen, sondern ein in Frankreich noch unbekanntes Spiel, das leider in einem Café des XVII. Arrondissements im Schwange war, wo sich Monsieur Ximenestre jeden Abend einen roten Martini genehmigte, ehe er nach Hause ging: es wurde mit kleinen Pfeilen, einem Blasrohr und Tausendfrancscheinen gespielt. Alle Stammgäste waren ganz wild darauf, abgesehen von einem, der aufhören mußte, weil er Herzgeräusche hatte. Dieses spannende Spiel, von einem im Stadtviertel unbekannten Australier eingeführt, hatte rasch die Gründung eines sozusagen geschlossenen Klubs zur Folge gehabt, der im Hinterzimmer tagte, wo der begeisterte Wirt das kleine Billard geopfert hatte.

Kurz, Monsieur Ximenestre hatte sich dabei ruiniert, und das nach vielversprechenden Anfängen. Was tun? Wo könnte er das Geld pumpen, um die Handtasche, das kleine Moped und den Plattenspieler zu bezahlen, die zu schenken er sich nach einigen sehr präzisen Andeutungen bei Tisch, wie er sehr wohl wußte, verpflichtet hatte? Die Tage verstrichen, ringsum leuchteten die Augen voll Vorfreude, und der Schnee begann fröhlich zu fallen. Monsieur Ximenestres Teint wurde gelb, und er wünschte, er würde krank werden. Vergeblich.

Am Morgen des 24. Dezember verließ Monsieur Ximenestre das Haus, gefolgt von drei beifälligen Blikken, denn die täglich von Madame Ximenestre durchgeführte Durchsuchung der Wohnung hatte noch nicht zur Entdeckung der erwarteten kostbaren Pakete geführt. »Er macht sich noch rechtzeitig dran«, dachte sie mit einiger Verbitterung, aber ohne die geringste Beunruhigung. Auf der Straße wickelte sich Monsieur Ximenestre seinen Schal dreimal ums Gesicht, und diese Geste ließ ihn einen Moment einen Raubüberfall ins Auge fassen. Ein Gedanke, den er zum Glück rasch verwarf. Er setzte sich in Marsch mit dem Gang eines Bären, schleppend und gutmütig, und landete dann auf einer Bank, auf der ihn der Schnee rasch in einen Eisberg verwandelte. Der Gedanke an die Pfeife, die lederne Aktentasche und die rote Krawatte (im übrigen untragbar), von denen er wußte, daß sie ihn zu Hause erwarteten, machte das Maß seiner Trostlosigkeit voll.

Einige Passanten, erhitzt und tänzelnd, Bindfäden und Pakete an jedem Finger, kurzum Familienväter, die dieses Namens würdig waren, kamen vorbei. Zwei Schritte von Monsieur Ximenestre entfernt hielt eine Limousine; eine Traumgestalt, gefolgt von zwei Hündchen, stieg aus. Monsieur Ximenestre, wenngleich dem schönen Geschlecht sehr zugetan, betrachtete sie ohne den geringsten Hintergedanken. Dann fiel sein Blick auf die Hunde, und seine Augen leuchteten plötzlich auf. Er schüttelte den Haufen Schnee ab, der sich auf seinem Schoß angesammelt hatte, stand eilig auf und stieß einen Ruf aus, den der ihm von seinem Hut in die Augen und auf den Hals fallende Schnee erstickte.

»Ins Tierheim!« waren seine Worte.

Das Tierheim war ein recht düsterer Ort voller trauriger oder aufgeregter Hunde, die Monsieur Ximenestre ein wenig erschreckten. Er entschied sich schließlich für ein ziemlich undefinierbares Tier, was die Rasse und die Farbe betraf, das aber, nach dem Ausdruck der Augen zu urteilen, sanftmütig war. Und Monsieur Ximenestre ahnte, daß es unendlicher Sanftmut bedurfte, um eine Handtasche, einen Plattenspieler und ein Moped zu ersetzen. Er taufte seinen Hund sofort Médor, nahm ihn an die Strippe und ging auf die Straße.

Médors Freude äußerte sich in einer Raserei, die sich unwillkürlich auf Monsieur Ximenestre übertrug, der erstaunt war über die hündische Kraft. Er wurde einige hundert Meter in vollem Trab mitgezogen (denn der Ausdruck Galoppieren ließ sich schon lange nicht mehr auf Monsieur Ximenestre anwenden) und stieß schließlich mit einem Passanten zusammen, der etwas von »dreckigen Viechern« brummte. Wie ein Wasserskifahrer dachte Monsieur Ximenestre, daß es vielleicht besser wäre, die Strippe loszulassen und nach Hause zu gehen. Aber Médor sprang kläffend und fröhlich an ihm hoch, sein gelbliches und schmutziges Fell voller Schnee, und Monsieur Ximenestre schoß der Gedanke durch den Kopf, daß er schon lange nicht mehr so angeschaut worden war. Es gab ihm einen Stich ins Herz. Seine blauen Augen versenkten sich in Médors braune Augen, sie erlebten eine Sekunde unsagbarer Süße.

Médor faßte sich als erster. Er machte sich wieder auf den Weg, und das Wettrennen ging weiter. Monsieur Ximenestre dachte flüchtig an den anämischen Basset, der Médors Nachbar gewesen war und den er nicht einmal in Betracht gezogen hatte, weil er der Meinung war, ein Hund müsse dick sein. Jetzt rannte er buchstäblich in fliegender Eile nach Hause. Es gab nur einen Aufenthalt von einer Minute in einem Café, wo Monsieur Ximenestre drei Grogs zu sich nahm und Médor drei Stück Zucker, die ihm die mitleidige Wirtin anbot: »Und bei diesem Wetter, das arme Tier hat ja nicht einmal ein Mäntelchen!« Monsieur Ximenestre schnaufte und antwortete nicht.

Der Zucker hatte eine belebende Wirkung auf Médor

ausgeübt, aber es war ein Gespenst, das bei den Ximenestres läutete. Madame Ximenestre öffnete die Tür, Médor stürzte hinein, und Monsieur Ximenestre, vor Müdigkeit schluchzend, sank seiner Frau in die Arme.

»Aber was ist denn das?«

Dieser Schrei entrang sich der Brust von Madame Ximenestre.

»Das ist Médor«, sagte Monsieur Ximenestre, und mit dem Mut der Verzweiflung fügte er hinzu: »Fröhliche Weihnachten, meine Liebe!«

»Fröhliche Weihnachten? Fröhliche Weihnachten?« Ihr versagte die Stimme. »Was willst du damit sagen?«

»Heute ist doch der 24. Dezember!« rief Monsieur Ximenestre, den die Wärme und die Sicherheit wieder zu sich brachten. »Nun ja, zu Weihnachten schenke ich dir, schenke ich euch«, verbesserte er sich, denn seine Kinder kamen mit weit aufgerissenen Augen aus der Küche, »schenke ich euch Médor. Da ist er.«

Entschlossenen Schrittes ging er in sein Zimmer. Aber er sank gleich auf sein Bett und griff nach seiner Pfeife, einer Pfeife aus dem Krieg 1914/18, von der er zu sagen pflegte, daß sie »einiges mitgemacht« habe. Mit zitternder Hand stopfte er sie, zündete sie an, steckte die Beine unter die Steppdecke und wartete auf den Angriff.

Bleich, angsterregend bleich, dachte Monsieur Ximenestre bei sich, betrat Madame Ximenestre fast sofort sein Zimmer. Seine erste Reaktion war eine Schützengrabenreaktion: er versuchte, ganz unter die Steppdecke zu kriechen. Von ihm war nur noch eine seiner wenigen Haarsträhnen und der Rauch seiner Pfeife zu sehen. Aber das genügte für den Zorn von Madame Ximenestre:

»Kannst du mir sagen, was das für ein Hund ist?«

»Das ist eine Art flandrischer Schäferhund, glaube ich«, ließ sich schwach die Stimme von Monsieur Ximenestre vernehmen.

»Eine Art flandrischer Schäferhund?« Ihre Wut steigerte sich um eine Tonlage. »Und weißt du, was dein Sohn zu Weihnachten erwartet? Und deine Tochter? Was mich betrifft, so weiß ich, daß ich nicht zähle ... Aber sie? Und du bringst ihnen dieses schreckliche Tier?«

Médor kam gerade herein. Er sprang auf Monsieur Ximenestres Bett und legte sich neben ihn, den Kopf auf seinem Kopf. Zärtliche Tränen, zum Glück durch die Steppdecke verborgen, traten seinem Freund in die Augen.

»Das ist ein starkes Stück«, fand Madame Ximenestre. »Bist du überhaupt sicher, daß das Tier keine Tollwut hat?«

»In diesem Fall wärt ihr zwei«, erwiderte Monsieur Ximenestre kühl.

Diese abscheuliche Antwort bewirkte, daß Madame Ximenestre verschwand. Médor leckte seinen Herrn und schlief ein. Um Mitternacht gingen die Ehefrau und die Kinder von Monsieur Ximenestre, ohne ihn zu verständigen, zur Mitternachtsmesse. Ein leichtes Unbehagen überkam ihn, und um Viertel vor eins beschloß er, mit Médor fünf Minuten Gassi zu gehen. Er wickelte sich seinen dicken Schal um und begab sich langsamen Schritts zur Kirche, während Médor an allen Haustüren schnüffelte. – Die Kirche war gerammelt voll, und Monsieur Ximenestre versuchte vergeblich, die Tür zu öffnen. Er wartete also vor der Vorhalle, im Schnee, den Schal bis unter die Augen gezogen, und die Choräle der guten Christen hallten in seinen Ohren wider. Médor zog so fest an der Strippe, daß er sich schließlich hinsetzte und die Strippe an seinen Fuß band. Die Kälte, die Aufregungen hatten seine schon verwirrten Sinne allmählich abgestumpft, so daß er nicht mehr sehr genau wußte, was er da eigentlich machte. So kam es, daß er von dem Strom der ausgehungerten Gläubigen überrascht wurde, die eilig die Kirche verließen. Er hatte nicht mehr Zeit gehabt, aufzustehen und die Strippe aufzuknoten, als schon eine junge Stimme rief: »Oh, der hübsche Hund! Oh, der arme Mann! Warte einen Augenblick, Jean-Claude.«

Und ein Fünffrancstück fiel dem verstörten Monsieur Ximenestre auf den Schoß. Er stand auf, stammelte etwas, und der als Jean-Claude Angeredete gab ihm, gerührt, ebenfalls eine Münze und wünschte ihm fröhliche Weihnachten.

»Aber«, stammelte Monsieur Ximenestre, »aber hören Sie mal ...«

Man weiß, wie ansteckend die Barmherzigkeit sein kann. Alle oder fast alle Gläubigen, die die Kirche durch den rechten Ausgang verließen, gaben Monsieur Ximenestre und Médor ihr Scherflein. Schneebedeckt, verstört, versuchte Monsieur Ximenestre vergeblich, es ihnen auszureden.

Madame Ximenestre und ihre Kinder hatten die Kirche durch den linken Ausgang verlassen und kehrten nach Hause zurück. Monsieur Ximenestre kam kurz danach, entschuldigte sich für seinen Scherz vom Nachmittag und überreichte jedem die Summe, die dem Geldwert seines Geschenks entsprach. Der Mitternachtsschmaus wurde sehr fröhlich. Dann ging Monsieur Ximenestre mit Médor ins Bett, der sich zur Genüge an Pute gütlich getan hatte, und sie schliefen beide den Schlaf der Gerechten.

Anton Tschechow
Wanka

Wanka Shukow, ein neunjähriger Junge, der vor drei Monaten zum Schuhmacher Aljachin in die Lehre gegeben worden war, legte sich in der Weihnachtsnacht nicht schlafen. Er wartete, bis die Meistersleute und die Gesellen zur Frühmesse gegangen waren, nahm aus dem Schrank des Hausherrn ein Tintenfaß und einen Federhalter mit verrosteter Feder heraus, breitete ein zerknittertes Blatt Papier vor sich aus und begann zu schreiben. Bevor er den ersten Buchstaben aufs Papier malte, spähte er einige Male ängstlich zu Tür und Fenster, schielte zum dunklen Heiligenbild hinüber, an dessen beiden Seiten sich Regale mit Schuhleisten hinzogen, und schluchzte krampfhaft. Das Papier lag auf einer Bank, er selbst aber kniete vor der Bank auf dem Boden.

»Lieber Großvater Konstantin Makarytsch!« schrieb er. »Ich schreib dir also einen Brief. Ich gratuliere euch zu Weihnachten und wünsch dir das Beste vom Herrgott. Hab doch weder Vater noch Mutter mehr, nur du allein bist mir geblieben.«

Wanka ließ den Blick zum dunklen Fenster schweifen, in dem der Widerschein seiner Kerze flackerte, und stellte sich lebhaft seinen Großvater Konstantin Makarytsch vor, der als Nachtwächter bei den Herrschaften Shiwarew in Diensten steht – ein kleiner, dünner, doch ungewöhnlich behender und lebhafter Alter von etwa fünfundsechzig Jahren mit ewig lachendem Gesicht und trunkenen Augen. Tagsüber schläft er in der Gesindeküche oder schäkert mit den Köchinnen, des Nachts aber wandert er, eingehüllt in einen weiten Schafspelz, um das Gut herum und schlägt auf sein Klopfholz. Mit gesenktem Kopf folgen ihm die alte Kaschtanka und der Rüde Wjun*, der wegen seines schwarzen Fells und dem wieselartig langgestreckten Körper so heißt. Dieser Wjun ist außergewöhnlich ehrerbietig und sanft, betrachtet die eigenen Leute und Fremde gleichermaßen unterwürfig, genießt aber kein Ansehen. Hinter seiner Unterwürfigkeit und Demut verbirgt sich äußerste jesuitische Verschlagenheit. Niemand schleicht sich besser an und packt einen am Bein, kriecht in den Eiskeller oder stibitzt beim Bauern ein Huhn. Mehr als einmal wurden ihm schon die Hinterbeine übel zugerichtet, zweimal hat man ihn aufgehängt, jede Woche halbtot geprügelt, er aber kam immer wieder zu Kräften.

Jetzt steht Großvater sicher am Tor, blickt mit zusammengekniffenen Augen zu den leuchtend roten Fenstern der Dorfkirche hinüber, scherzt mit dem Gesinde und tritt dabei in seinen Filzstiefeln von einem Bein aufs andere. Sein Klopfholz hat er am Gürtel festgebunden. Er schlägt die Arme gegeneinander, krümmt sich vor Kälte und kneift greisenhaft kichernd mal das Hausmädchen, mal die Köchin.

»Na, wollen wir 'ne Prise Tabak schnupfen?« sagt er und hält den Frauen seine Tabaksdose hin.

Die Frauen schnupfen und niesen. Großvater gerät in unbeschreibliche Begeisterung, bricht in fröhliches

* Eigentlich ein schneller Fisch mit langgezogenem, schlangenartigem Körper.

Gelächter aus und schreit: »Wisch's weg, is festgefroren!«

Auch die Hunde bekommen Tabak zu schnupfen. Kaschtanka niest, verzieht die Schnauze und geht beleidigt zur Seite. Wjun dagegen unterdrückt das Niesen aus Unterwürfigkeit und wedelt mit dem Schwanz. Das Wetter ist prächtig. Die Luft still, klar und frisch, die Nacht dunkel, und doch ist das ganze Dorf zu sehen, mit seinen weißen Dächern und den Rauchfähnchen, die aus den Schornsteinen aufsteigen, die Bäume, die mit silbrigem Reif überzogen sind, die Schneewehen. Der Himmel ist mit fröhlich blinkenden Sternen übersät, und die Milchstraße tritt so deutlich hervor, als hätte man sie vor dem Feiertag geputzt und mit Schnee abgerieben ...

Wanka seufzte, tauchte die Feder ein und setzte seinen Brief fort:

»Gestern hat's Prügel gesetzt. Der Herr schleifte mich an den Haaren auf den Hof und prügelte mich mit dem Spannriemen durch, weil ich denen ihr Kindchen in der Wiege schaukeln sollte und aus Versehen eingeschlafen bin. Und letzte Woche mußte ich für die Herrin einen Hering putzen. Hab am Schwanz angefangen, da hat sie den Hering gepackt und mir mit seinem Maul immer ins Gesicht gestoßen. Die Gesellen treiben ihren Spott mit mir. Sie schicken mich nach Wodka in die Schenke und lassen mich bei den Meistersleuten Gurken stehlen. Der Meister aber schlägt mich mit allem, was ihm unter die Hand kommt. Und zu essen krieg ich auch nichts. Morgens bekomm ich Brot, mittags Grütze und abends auch Brot, mit Tee oder Kohlsuppe stopfen sich nur die Herrschaften voll. Schlafen muß ich in der Diele, wenn aber denen ihr Kind weint, kann ich überhaupt nicht schlafen und muß die Wiege schaukeln. Lieber Großvater, tu eine gottgefällige Tat und hol mich nach Haus, ins Dorf, hab keine Kraft mehr ... Ich verneige mich vor dir bis zum Boden und werd ewig zu Gott beten, hol mich hier weg, sonst sterb ich ...«

Wanka verzog den Mund, rieb sich mit seiner schwarzen Faust die Augen und schluchzte.

»Ich werd dir Tabak reiben«, fuhr er fort, »zu Gott beten und wenn ich was anstell, kannst du mich nach Strich und Faden verbläuen. Wenn du aber glaubst, für mich gäb's nichts zu tun, dann will ich um Christi willen den Gutsverwalter um Erlaubnis bitten, mich Stiefel putzen oder an Fedka seiner Stelle als Hirtenjunge auf die Weide gehen zu lassen. Lieber Großvater, ich hab keine Kraft mehr, es bleibt mir nur der Tod. Wollt zu Fuß ins Dorf laufen, hab aber keine Stiefel und fürchte den Frost. Und wenn ich dann groß bin, will ich dich zum Dank ernähren und achtgeben, daß niemand dich kränkt, und wenn du stirbst, werde ich für dein Seelenheil beten, genauso wie für Mama Pelageja.

Moskau ist eine große Stadt. Alle Häuser sind herrschaftlich, und es gibt viele Pferde, Schafe aber nicht, und die Hunde sind auch nicht böse. Mit dem Stern gehen die Kinder hier nicht herum, und auf den Chor darf man auch nicht zum Singen, und einmal habe ich in einem Laden im Fenster gesehen, daß sie dort Haken verkaufen, gleich mit einer Schnur dran, und für alle Arten Fisch, sehr preiswerte, sogar einen Haken hab ich gesehen, der einen Pud schweren Wels aushält. Und dann hab ich Läden gesehen, in denen es verschiedene Gewehre gibt, wie sie die Herren haben, sicher zu hundert Rubel das Stück ... Und in den Fleischerläden gibt's Birkhühner und Haselhühner und Hasen, wo sie aber geschossen werden, verraten die Verkäufer nicht.

Lieber Großvater, wenn bei der Herrschaft der Tannenbaum mit Naschwerk steht, besorg mir eine vergoldete Nuß und heb sie in der kleinen, grünen Truhe auf. Bitte Fräulein Olga Ignatjewna drum, sag, es ist für Wanka.«

Wanka seufzte verzweifelt und starrte wieder zum Fenster. Er mußte daran denken, wie der Großvater immer in den Wald gegangen war, um die Tanne für die Herrschaften zu holen, und seinen Enkel mitgenommen hatte. Das war lustig gewesen! Der Großvater ächzte, und der Frost ächzte, und auch Wanka ächzte, wenn er beide betrachtete. Bevor Großvater die Tanne fällt, raucht er meist eine Pfeife, schnupft genüßlich seinen Tabak und lacht den frierenden Wanjuschka aus ... Reifbedeckt und unbeweglich stehen die jungen Tannen und warten, welche von ihnen wohl sterben wird. Plötzlich jagt wie ein Pfeil ein Hase durch die Schneewehen ... Großvater kann nicht an sich halten und ruft: »Halt ihn, halt ihn ... halt ihn! Ach, dieser stummelschwänzige Teufel!«

Die geschlagene Tanne schleppte Großvater ins Herrenhaus, und dort machte man sich daran, sie zu schmükken ... Am geschäftigsten war Fräulein Olga Ignatjewna, Wankas Liebling. Als Wankas Mutter Pelageja noch am Leben war und bei der Herrschaft als Hausmädchen diente, fütterte Olga Ignatjewna Wanka mit Kandiszukker und brachte ihm vor lauter Langeweile lesen, schreiben, bis hundert zählen und sogar Quadrille tanzen bei. Als Pelageja dann tot war, wurde die Waise Wanka in die Gesindeküche zum Großvater abgeschoben und aus der Küche nach Moskau zum Schuhmacher Aljachin ...

»Komm her, lieber Großvater«, fuhr Wanka fort, »bei Gott dem Herrn fleh ich dich an, nimm mich fort von hier. Hab Erbarmen mit mir unglücklicher Waise, sonst prügeln sie mich immer weiter und auch essen möchte ich so gern, und große Sehnsucht hab ich, daß ich es gar nicht sagen kann, ich weine die ganze Zeit. Neulich hat mich der Meister mit einem Leisten auf den Kopf geschlagen, daß ich hingefallen bin und nur mit Müh und Not wieder zu mir kam. Mein Leben ist verloren, hab's schlimmer als ein Hund ... Auch lasse ich Aljona grüßen, den einäugigen Jegor und den Kutscher, und meine Harmonika gib niemandem weg. Ich bleibe dein Enkel Iwan Shukow, lieber Großvater, komm her.«

Wanka faltete den beschriebenen Bogen vierfach zusammen und steckte ihn in einen Umschlag, den er tags zuvor für eine Kopeke gekauft hatte ... Er dachte kurz nach, tauchte dann die Feder ein und schrieb die Adresse:

Für Großvater im Dorf

Dann kratzte er sich, überlegte und fügte hinzu: »An Konstantin Makarytsch«. Zufrieden, daß er beim Schreiben nicht gestört worden war, setzte er die Mütze auf und lief, ohne sich sein Mäntelchen überzuwerfen, im bloßen Hemd auf die Straße hinaus ...

Die Verkäufer des Fleischgeschäfts, bei denen er sich

tags zuvor erkundigt hatte, hatten ihm gesagt, daß man Briefe in Briefkästen einwerfe, die dann aus den Kästen in Postkutschen mit betrunkenen Kutschern und klingenden Glöckchen in alle Welt befördert würden. Wanka lief zum ersten Briefkasten und steckte seinen kostbaren Brief in den Schlitz ...

Eingewiegt von süßer Hoffnung war er eine Stunde darauf in tiefen Schlaf versunken ... Ihm träumte ein Ofen. Auf dem Ofen sitzt mit herabhängenden nackten Füßen Großvater und liest den Köchinnen den Brief vor ... Wjun streicht um den Ofen und wedelt mit dem Schwanz ...

Dominique Marchand
Stille Nacht Zaubernacht

Die Nacht war kalt, eisig der Wind.

Daheim aber brannten die Kerzen, und jeder, der noch draußen war, eilte nach Hause und freute sich schon auf diesen Abend, den schönsten Abend des Jahres.

Nur ein Mann lief ziellos durch die leeren Straßen. – Er hatte kein Zuhause.

Da und dort sahen ihm die Leute nach, wenn er vorüberging.

Der Mann drehte sich nicht um.

Wortlos ging er vorbei, pfiff nur vor sich hin.

Sachte fiel der Schnee auf seinen weißen Bart.

Doch er war nicht allein in dieser kalten Nacht.

Seinen Spuren im Schnee folgte ein kleiner Hund.

Wo war denn sein Zuhause?

Ein Stern schimmerte an seinem Halsband.

Als der Mann den Hund bemerkte, erhellte sich sein Blick.

»Na, wo kommst du denn her? Bist du auch allein!?«

Der Hund schaute ihn an.

Im Schutz einer Tanne fanden sie einen Platz.

Dort teilte der Mann mit seinem Gast ein Stück Brot. Und da Heiligabend war, erzählte der Mann noch eine Weihnachtsgeschichte, die er früher als Kind oft gehört hatte. Danach summte er ein Lied.

Der Wind blies immer kälter.

Bald froren die beiden so sehr, daß sie in einer Hütte Zuflucht suchten.

Lange saßen sie still im Stroh beim Kerzenschein.

Plötzlich fing der Hund an zu sprechen:

»Ich bin ein Zauberer!«

»Was! Ein Zauberer?« staunte der Mann.

»Du bist so gut gewesen zu einem armen Hund«, sagte der Zauberer, »daß ich dir einen Wunsch erfüllen will. Sage mir, was du möchtest.«

Er mußte nicht lange überlegen.

»Ich habe mir schon immer einen Hund gewünscht.«

Ein kleiner Hund als Freund, das war sein größter Wunsch!

Der Zauberer schwieg lange.

Dann gab er seine Zauberkraft für immer auf.

Dieser Freund wollte er sein.

Und als der neue Tag anbrach, zog der Mann weiter – und sein Hund folgte ihm.

Alfred Polgar
Vor Weihnachten

Nun kommt bald Weihnachten. Man merkt das schon an Verschiedenem. Auf den Straßen liegen, in Haufen, geschlachtete Nadelbäume; getrocknetes Harz-Blut klebt an ihrer Rinde. Aus den Schaufenstern der Kunsthandlungen verschwinden die unzüchtigen Darstellungen, und die »Mitternachtsmette im Gebirge« erscheint. Zwei zu zwei stapfen Bauern durch dicken Schnee dem Kirchlein zu, das Gebetbuch in schwieliger Faust. Der Weg, den sie schon gegangen sind, trägt die Spuren ihrer breiten Stiefelsohlen, aus dem Kirchenfenster fällt buttergelb ein Lichtstreifen über den beschneiten Pfad. Neben diesem, den Großstädter so ergreifenden Gemälde hängen mancherlei Spezial-Weihnachten. Weihnachten des Leuchtturmwächters. Bahnwärters Christnacht. Kommerzienrats Tannenbäumchen. Weihnachten des Eremiten. Auf allen diesen Bildern tritt die Einsamkeitskomponente stark hervor. Es ist ja auch zur Weihnachtszeit, in der ein unruhvolles Bedürfnis nach Wärme und Anlehnung die Gefühle lockert, und der Schmelzpunkt, an dem sie in den Zustand der Liebe übergehen, tiefer liegt als selbst im Mai, es ist ja auch zur Weihnachtszeit besonders bitter, allein zu sein. Meine arme Freundin Elfriede, längst deckt Erde ihr zierliches Gebein, hielt auch sehr viel auf weihnachtlichen Zusammenschluß und wollte das liebe Zeremoniell des Festtages nicht missen. Dennoch geschah es am Abend eines vierundzwanzigsten Dezembers, daß sie keine andere Gesellschaft hatte als ihre beiden Hunde, die treue Dackelhündin Grete und den lebhaften Fox Rolph. Sie warteten in einem Nebenraum auf Einlaß in das Zimmer, wo das flimmernde Bäumchen stand und der Tisch mit den Gaben, zwei tannenzweiggeschmückten Knackwürsten. Elfriede setzte sich ans Klavier, Rolph und Grete auf die Hinterpfoten, und erst nach drei Strophen »Stille Nacht, heilige Nacht« durften sie zu den Würsten. Elfriede war aus Düsseldorf.

Eine Stimmgabel ist angeschlagen, eine Stimmungsgabel. Und die große Mehrheit weißer Menschen schraubt ihr Herz auf die gleiche Tonhöhe.

Die Kinderchen schreiben auf vierzeilig liniertem Papier Briefe an das Christkind, an das sie nicht mehr glauben, und beschließen die Schrift mit einem Tintenklecks wie mit einem Siegel holder Einfalt. Sie hegen die nicht unbegründete Befürchtung, »praktische Sachen« geschenkt zu bekommen, die man ihnen ohnehin kaufen müßte. Einige, von Neugier geplagt, stecken sich hinter die etwa vorhandene Hausgehilfin. Ist die Hausgehilfin hübsch, kann solches Verstecken hinter sie für das künftige Leben der Kleinen von großer Bedeutung sein. Sind sie doch im glücklichen Alter, in dem die Grundlagen der Komplexe gelegt werden, der seelischen Vexierbauten, die dann später einmal der Analyse so viel Anregung und Freude bereiten.

Indes also die Kleinchen von der Frage erregt sind: Was bekomme ich geschenkt?, sinnen die Erwachsenen der Frage nach: Was schenke ich? Oder eigentlich der Frage: Wo nehme ich das Geld her für Geschenke? Welch ein Friede wäre Weihnachten auf Erden und den Menschen ein Wohlgefallen, wenn zumindest die Erwachsenen gegenseitig sich das Schenken schenken wollten! Und einen Pakt schlössen, daß jeder nach seinen Möglichkeiten sich kaufe, was ihn freue, und hierfür die Gesamtheit seiner Freunde – gefühls-kommerziell gesprochen – »erkenne«. Allerdings: Geben ist seliger denn nehmen, sagt die christliche Lehre, dieser größte auf dem Gebiet irdischer Glücksspekulation je gewagte Vorstoß der Kontermine.

Nun kommt bald Weihnachten, und ein Golfstrom der Menschenliebe sendet warme Schauer über das frierende Land. Sogar die Presse kann sich dem innigen Gebot dieser Tage nicht entziehen. Sie rüstet die »Weihnachtsbeilage«, das Weihnachts-Beilager für Literatur und Wissenschaft. In der Redaktion duftet es, zumindest metaphorisch, nach Fichtennadeln, Äpfeln, Wachskerzen und leuchtenden Kinderaugen, deren in diesen Tagen eine große Menge für die journalistische Arbeit verbraucht wird. Auch blasse, verhärmte Wangen sind in der kapitalistischen Presse zur Weihnachtszeit lebhaft gefragt. Am Luster aber hängt stumpfgrün das Gewirr der Mistelzweige, und wer unter ihnen den Chefredakteur trifft, darf ihn küssen.

Weihnachten ist das Fest der Überraschungen. Verloren geglaubte Söhne wählen gern den Weihnachtsabend, um plötzlich einzutreten, und ebenso richten es die Mitglieder des Vereins »Enoch Arden«, die verloren geglaubten Ehemänner, womöglich so ein, daß sie am heiligen Abend ihre Frauen überraschen, wobei auch sie ihre Überraschungen erleben.

Übel dran zu Weihnachten sind die Menschenfeinde.

An den Dämmen, die ihr Haß aufgerichtet hat, bricht sich das Meer von Liebe, das in diesen Tagen alle Küsten bespült, wo Christenmenschen und ihnen Assimilierte wohnen. Düster sitzen sie da in ihrer düsteren Isoliertheit und giften sich. Sind nicht auch sie unsere Brüder? Wie verhilft man ihnen zu einem relativ gemütlichen Weihnachtsabend? Tun wir was für sie! Menschenfeinden Freude zu machen, kann doch nicht schwer sein. Lassen wir sie hineinblicken in die Not der Glücklichen! In den Krieg des häuslichen Friedens! In die Langeweile der guten Ehe! In die Ehrgeizqual der Begabten! In die marternde Furcht der Angekommenen vor denen, die nachdrängen! In die klägliche Unfreude des Reichtums! In die trostlose innere Einsamkeit der Geselligen!

Festesahnung überall. Auch die Stimme der Natur, der treue Grundbaß zu all unseren Melodien, hat bereits ein unverkennbar weihnachtliches Timbre. Die Luft weht dämmergrau, als wolle sie helfen, die Geheimnisse, die alle Guten jetzt voreinander haben, zu verschleiern. Schnee ist auf die nahen Berge gefallen und bleibt dort in strahlender Reine liegen, aus Pferdemäulern dampft es wolkig, Weihrauch dem Winter, zwischen gefrorenen Ackerschollen beut das muntere Häschen sein Fell dem Rohr, und mit frohem Geschnatter kündet es die Gans, wie üppig schon ihre Leber den hohen Feiertagen entgegenschwillt.

Karen Duve
Besuch vom Hund

Ich bin zu einer Party eingeladen, und der Reißverschluß hinten an meinem Kleid geht nicht zu. Es klingelt. Viel zu früh. Ich streife schnell die Handschuhe über und öffne die Tür.

»Du bist viel zu früh«, sage ich, aber vor der Tür sitzt bloß ein dicker, zitternder Collie. Es regnet wie verrückt.

»Komm rein, du armer Hund«, sage ich. Der Collie zockelt herein, und ich mache die Tür wieder zu.

»Danke«, sagt der Hund, »aber ich bin gar kein Hund.«

»Ach – nicht?«

Er stinkt wie nasser Hund.

»Nein«, sagt der Collie und lächelt. Sein Zahnfleisch hat die Farbe von Regenwürmern – mit Leopardenflekken. Ich setze mich ihm gegenüber – gerade weit genug entfernt, daß mich der faulige Geruch aus seinem Maul nicht mehr erreicht.

»Und ...«, sage ich.

»Ich bin ein magerer Wolf und heule nachts an den Mauern eurer Stadt. Dann binden die Jäger ihre Hunde fester. Die fettglänzenden Jagdköter werden unruhig, aber sie verstehen das Lied des Wolfes nicht mehr. ›Usch‹, sagen ihre Herren, ›Usch! Wer gibt dir dein Futter?‹ Und nachdem die Hunde etwas gefiept und gewinselt haben, legen sie ihre schweren Köpfe auf die Pfoten und schließen die Augen. Dann heule ich lauter, und die Hunde zittern und sträuben ihr Fell.«

Ein pathetischer Collie – das hat mir gerade noch gefehlt.

»Was redest du denn? Hier gibt es seit dreihundert Jahren keine Stadtmauern mehr. Und besonders mager siehst du auch nicht aus.«

»Stimmt. Ich bin gar kein magerer Wolf. In Wirklichkeit ... in Wirklichkeit bin ich dein verlorener Hund. Hallo, da bin ich wieder! Reiß die Arme auf! Wie wäre es, wenn du mir zur Begrüßung einen Napf mit Doko-Hundeflocken hinstellst?«

»Bleib mir vom Leib, hörst du! Drei Meter Abstand. Ich habe keinen Hund. Nie gehabt.«

»Wie? Du verleugnest mich? Sieht so meine Heimkehr aus? Du verleugnest mich und trägst schwarze Handschuhe, damit man nicht sieht, daß deine Nägel herausgerissen sind? Aber ich merke es doch, weil Blut heraustropft. Das sieht übrigens sehr sexy aus – die Handschuhe, meine ich.«

Ich sehe auf meine Hände herunter, auf die Handschuhe. Tatsächlich tropft Blut heraus. Am Nachmittag habe ich Blumenstengel gekürzt und mir dabei in alle Finger geschnitten.

»Warte, ich leck' dir das Blut ab«, sagt der Collie.

»Weißt du was«, sage ich, »wenn du mir wirklich helfen willst, dann sei so gut und geh jetzt. Jeden Moment kommt ein netter und überaus gutaussehender Mann vorbei, um mich zu einer Party mitzunehmen, und außerdem kriege ich meinen Reißverschluß nicht zu. Also bitte: Geh, geh geh!«

»Heißt das, daß ich alles allein tun soll?«

Er sieht mich aus blutunterlaufenen Augen an.

»Was denn?« sage ich, streiche mein Kleid glatt und angele nach dem Reißverschluß auf meinem Rücken. »Was willst du denn? Einen Knochen? Hab' ich nicht. Guck in meinen Kühlschrank – alles leer. Warum klingelst du nicht nebenan? Frau Dabelstein ist eine reizende alte Frau, die sich immer langweilt und bestimmt über Besuch freut.«

»Es geht um die Hundefrage«, beharrt der Collie. »Du mußt uns helfen. Schließlich bist du Dichterin.«

»Schriftstellerin«, sage ich fest.

»Dichterin«, sagt der hysterische Collie.

»Und wenn schon. Was soll euch das helfen?«

»Du bist der Lärm unserer stummen Schreie. Du bist die Wahrheit unserer schlimmen Träume. Du bist das Messer für unsere eitrigen Wunden.«

»Na ja«, sage ich, »man gibt sich Mühe.«

Draußen hält ein Auto. Wir gehen ans Fenster. Der Collie stemmt die Vorderpfoten auf die Fensterbank, und wir sehen hinaus.

»Das ist der nette Mann, der mich abholt. Sieht gut aus, nicht?«

»Nur äußerlich«, sagt der Collie.

»Natürlich äußerlich. Wo denn sonst? Der andere Mann ist übrigens sein Freund. Ein Idiot, ein Trottel. Wenn er auf Reisen ist, schleppt er immer seinen alten Stoffbären mit sich herum. Ich kann Männer, die niedlich sein wollen, nicht ausstehen. Männer sind nicht niedlich.«

»Wer ist die Frau?«

»Die Freundin vom Freund. Wenn du mich fragst: etwas zu scharf auf den Mann dressiert.«

Ich öffne die Tür.

»He«, sagt der nette Mann, »hast du jetzt einen Hund?«

Der Collie nickt, und ich sage ja.

»Aber warum denn ausgerechnet so einen alten Lassie?«

»Warum keinen Collie? Die sind lieb und zuverlässig.«

»Ziemlich häßliches Vieh«, sagt der blöde Freund, und seine blöde Freundin kichert.

»Warum bist du noch nicht fertig?« sagt der nette Mann. »Willst du so mitkommen?«

»Klar«, sage ich, »oder stimmt irgend etwas nicht mit mir?«

»Du könntest dich wenigstens kämmen«, sagt die blöde Freundin, und ich sage: »Vielleicht komme ich gar nicht mit. Vielleicht habe ich etwas Besseres vor.«

Der Mann, den ich einmal für nett gehalten habe, packt mich am Handgelenk.

»Was glaubst du eigentlich, wer du bist?«

Ich schaue den Collie an. Er nickt aufmunternd, und ich sage: »Ich bin ein magerer Wolf. Ich heule nachts an den Mauern eurer Stadt. Aber die Hunde verstehen mein Lied nicht mehr. Und dann kommen die Jäger und binden sie fester und . . .«

Der Mann, den ich einmal für nett gehalten habe, stößt mich von sich.

»Du bist verrückt. Vollkommen verrückt. Mit so etwas will ich nichts zu tun haben.«

»Na ja«, räume ich ein, »du mußt das natürlich im übertragenen Sinn verstehen. Es geht um Wahrheit.

Nicht um philosophische Wahrheit – kriminalistische ...«

»Verrückt bist du«, sagt der Mann, den ich einmal nett gefunden habe und der sehr gut aussieht. »Ich hatte schon einmal etwas mit einer Verrückten. Die hielt sich für Adolf Hitler. Das mache ich kein zweites Mal mit.«

»Wirklich? Sie hielt sich für Adolf Hitler? Das ist interessant«, bemerkt der Collie.

Ich fange an zu weinen.

»Ha«, sagt der blöde Freund, »es ist doch jedesmal das gleiche. Gerade die Frauen, die immer so stark tun, sind nachher immer ganz klein und schwach.«

Ich weiß nicht, was ich darauf antworten soll. Der Collie drückt seine feuchte Nase gegen mein Knie.

»Das ist die Sorte, die zum Treten kommt, wenn einer am Boden liegt«, flüstert er. »Wahrscheinlich hat er jetzt einen stehen.«

»Na, und?« schreie ich den blöden Freund an. »Hast du jetzt einen stehen, oder was?«

Seine Freundin rümpft die Nase.

»Du bist so klein. In Wirklichkeit bist du soooo klein.«

Sie zeigt mit Daumen und Zeigefinger, wie klein ich bin.

»Du miese Schnalle«, sage ich. »Du weißt doch gar nicht, was klein ist. Du denkst, ich bin klein, weil ich weine. Aber es bedeutet nichts, wenn ich weine. Ich weine ständig.«

»Billy the Kid hat einmal über die Schönheit eines Gedichtes geweint, und direkt danach stand er auf und erschoß zwei Männer, ohne daß seine Hand zitterte«, sagt der Collie.

»Jawohl«, sage ich, »ich weine sogar auf Bahnhöfen und bei Tierfilmen. Es bedeutet nichts, wenn ich weine. Hinterher stehe ich auf und erschieße zwei Männer, ohne daß mir die Hand zittert.«

»Außerdem ist sie eine Dichterin«, sagt der Collie, »und Dichter und Dichterinnen müssen empfindsam sein.«

»Ja«, sage ich. »Du kannst mich gar nicht verachten. Ich bin der Lärm deiner stummen Schreie.«

»Was bist du?« fragt der Mann. Wie habe ich ihn je nett finden können? Er geht aus der Tür, und mit ihm der Freund und die Freundin.

»Macht bitte die Tür auch wieder zu! Wir heizen schließlich nicht für die Eichhörnchen«, sagt der Collie.

Die Tür knallt ins Schloß. Dann das Geräusch des startenden Autos. Der Motor säuft ab. Erneutes Starten. Sie fahren weg. Ich lehne mich mit dem Rücken gegen die Wand und rutsche daran herunter, bis ich auf dem Boden sitze. Ich vergrabe mein Gesicht im stinkenden, feuchten Fell des Collies und weine.

»Jetzt ist er weg«, sage ich. »Was soll ich bloß tun?«

»Du könntest aufstehen und jemanden erschießen«, sagt der Collie. »Geweint hast du ja schon.«

»Heute nicht mehr. Meine Hände zittern so.«

»Ist dein Kühlschrank wirklich leer?« fragt der Collie.

»Ja, aber wir können zur Esso-Tankstelle gehen. Es ist nicht sehr weit.«

Ich ziehe meinen Wollmantel an, stecke die nackten Füße in Gummistiefel und setze meine Waschbärmütze auf.

»Hast du keine Leine?« frage ich den Hund.

»Die brauche ich nicht. Wir Collies sind lieb und zuverlässig.«

Es hat aufgehört zu regnen. Alles ist voller Pfützen. Ich lege eine kleine Step-Nummer in Gummistiefeln hin, und der Collie kläfft anerkennend.

Ein einzelner Stern steht am Himmel.

Der neidische Hund
Legende aus dem Stall

Der Mond schien hell, und ein alter Collie lag müde neben seinem Herrn auf dem Hügel. Sein Herr war ein Schäfer, der die ganze Nacht die Schafe hütete, denn in jenen fernen Tagen, in denen diese Geschichte spielt, gab es viele Wölfe und Füchse. Der Schäfer hatte zwei junge Hunde, die er zusammen mit dem alten Collie hielt, aber er liebte seinen alten Collie am meisten, da dieser ihm schon lange Jahre treu ergeben war.

Sie saßen auf dem Hügel und sahen zu, wie der Mond aufstieg; die Nacht war schön und sternenklar. Der Schäfer drehte sich um und sagte zum Collie: »Du bist bestimmt müde, alter Junge. Du bist den ganzen Tag gelaufen, mehr, als nötig war, und du weißt doch, du wirst langsam alt. Es ist nicht nötig, daß wir alle vier hier bleiben. Warum gehst du nicht nach Hause in den Stall und legst dich ein bißchen aufs Heu? Dann bist du morgen früh wieder frisch. Die jungen Hunde und ich, wir kümmern uns schon um die Herde.«

Der alte Collie richtete sich auf, ließ die Zunge heraushängen und sah seinen Herrn an. Er fragte sich, warum sein Herr ihn nicht bei sich haben wollte. Er verstand die Menschensprache im allgemeinen ganz gut, aber manches, was sein Herr sagte, verstand er nicht. Wenn sein Herr sagte: »Geh heim, alter Freund«, verstand er jedoch sofort. Er dachte bei sich: ›Mein Herr braucht mich heute nacht nicht, dann kann ich ja getrost heimgehen.‹ Müde war er obendrein, sehr müde.

Also trottete der alte Hund zurück zu dem Bauernhof, in dem er lebte. Er lief in den Stall und machte es sich in einer der Boxen zwischen Heu und Stroh bequem. Da kam auch sein alter Freund, der Esel, aus der Kälte herein; er war nie angebunden und konnte nach Herzenslust auf der Farm herumlaufen. Auch er war schon seit vielen, vielen Jahren auf dem Hof.

Der Esel ging in eine der leeren Boxen und knabberte an dem Heu oder Stroh, das dort in der Traufe lag. Der Collie rollte sich zum Schlafen zusammen und döste und hörte den Esel neben ihm kauen und kauen und kauen, immerfort, immer weiter fort.

Etwas später hörte er von draußen Stimmen. Er überlegte: ›Kann das schon mein Herr sein, der von der Weide kommt?‹ Er sah hinaus. Es war noch dunkel, aber der Mond schien hell. Er dachte: ›Das kann nicht mein Herr sein, es ist noch zu früh. Er kommt immer erst bei Tagesanbruch heim, wenn die Schafe auf der Weide wegen des Tageslichts vor Dieben und wilden Tieren einigermaßen sicher sind.‹

Sofort war er hellwach und saß aufrecht in seiner Box neben der des Esels, als er plötzlich eine fremde Frau auf die nächste Box zugehen sah! Es war eine hübsche junge Frau, und hinter ihr kam ein bärtiger Mann in den Stall. Der Collie hatte beide nie zuvor gesehen und fragte sich, wer sie wohl waren. Er dachte bei sich: ›Es müssen Fremde sein, die hier für die Nacht einen Platz zum Schlafen suchen.‹

Er beschloß, sich lautlos wieder hinzulegen, nicht zu knurren und nicht zu bellen und sie zu beobachten. Der Mann nahm die Frau an der Hand und führte sie in eine leere Box, in der Stroh lag. Die Futterkrippe über ihnen war für die Kühe und Ochsen gedacht, aber die waren heute nacht nicht im Stall.

Der Hund saß da und hörte aufmerksam zu. Der Mann sprach, und was er sagte, war für den Hund gut zu verstehen.

Der Mann sagte: »Hier bleiben wir, hier können wir für die Nacht unterkriechen.« Er sah sich um. »Es sind nur ein Hund und ein Esel hier. Ich bin sicher, sie werden unsere Ruhe nicht stören.«

Er fügte hinzu: »Wie geht es dir, Liebes?«

»Ich fühle mich nicht sehr wohl«, antwortete sie.

Der Mann fegte das Heu zusammen, häufte es auf und machte der Frau ein Bett.

Er fragte: »Bist du sicher, daß es heute nacht passiert?«

Sie sagte: »Ja, ich bin sicher. Wahrscheinlich schon in wenigen Minuten.«

Der Collie saß stumm und regungslos da. Auch der Esel hörte auf zu kauen. Alles war still.

Etwas später fragte der Mann: »Brauchst du Hilfe, Frau?«

»Nein«, sagte sie, »ich komme schon zurecht. Ich bitte dich nur um eins: Stell dich an die Tür und sorge dafür, daß wir eine Zeitlang ungestört sind.«

Der Mann stellte sich an den Eingang und ging dort unruhig hin und her. Der Hund lag da und rührte sich nicht, aber er hörte alles, was um ihn herum vor sich ging. Das nächste, was zu hören war, war das Schreien eines Babys – da schrie doch tatsächlich ein Baby! Der Hund dachte: ›Na so was, diese fremde Frau ist wohl gerade dabei, hier bei uns im Stall ein Kind zu bekommen. Das habe ich noch nie gesehen.‹

Langsam kroch er ein Stück näher, ging an den Rand der Box und spähte um die Ecke. Tatsächlich – da saß die Frau und hielt ein wunderschönes kleines Baby im Arm, das schönste, das man jemals gesehen hatte. Es hatte lange dunkelgoldene Haare, und es war naß.

Der Mann rannte herbei. Er zog seinen langen warmen Mantel und sein Hemd aus und sagte: »Hier! Nimm das!«

Und die Frau wickelte das Baby in das Hemd und danach in den Mantel.

Sie sagte: »Es ist ein wundervolles Kind.«

Ihr Mann nickte und meinte: »Wir brauchen etwas, wo wir es hineinlegen können.«

Und sie sagte: »Tu etwas Stroh in die Futterkrippe über mir. Da legen wir ihn hinein.«

Der Mann stand mit nacktem Oberkörper vor der Krippe, verteilte das Stroh und legte das Kind hinein. Und der alte Collie, der heimliche Zeuge dieser Szene, blinzelte um die Ecke und sah das Schönste, was er in seinem langen Hundeleben je gesehen hatte: Er sah einen leuchtenden Stern, dessen Licht gerade durch das Fenster fiel. Der Stern schien immer näher zu kommen – bis er schräg über dem Stall stehenblieb, so daß sein Licht direkt hineinfiel. So etwas hatte der Hund noch nie gesehen, und er wunderte sich, wie das möglich war ...

Er dachte gerade darüber nach, ob sein Herr wohl durch das grelle Licht alarmiert und zur Heimkehr veranlaßt würde, da hörte er das Paar erneut sprechen.

Der Mann sagte: »Heute nacht müssen wir hier bleiben, Frau. Aber morgen sollten wir uns nach einer besseren Unterkunft für das Kind umsehen. Ich bin sicher, es wird ihm gutgehen, wir passen schon auf. Der Kleine ist ein hübsches Baby.«

Der alte Hund saß da und hörte alles, was sie sprachen. Das Kind war mucksmäuschenstill. Schließlich hörten sie auf, sich zu unterhalten, und der Hund schlief ein.

Früh am nächsten Morgen wurde er durch ein Geräusch aus der Box neben ihm geweckt. Der Mann und die Frau standen auf und nahmen das Kind aus der Krippe, in der es die ganze Nacht über gelegen hatte.

Der Mann sagte: »Ich werde ins Dorf gehen und Hilfe für dich holen. Es muß doch jemanden geben, der dir hilft.«

Sie sagte: »Ich fühle mich sehr wohl. Es geht mir wirklich gut.«

Er erwiderte: »Ich sehe, daß es dir gutgeht. Aber du und das Kind, ihr braucht trotzdem Hilfe.«

Sie meinte: »Es ist aber ein weiter Weg bis ins Dorf. Wir mußten doch nur deswegen hierherkommen, weil uns im ganzen Dorf niemand Unterschlupf gewährt hat.«

»Aber wenn wir mit dem Baby zurückkommen und sie es sehen, vielleicht geben sie uns dann ein Quartier.«

»Es geht nicht, Mann«, antwortete sie. »Ich bin noch zu schwach. Ich kann unmöglich den ganzen Weg bis ins Dorf zu Fuß gehen.«

»Mach dir darüber keine Sorgen, Liebes«, sagte er. »Du brauchst nicht zu Fuß zu gehen. Hier ist ein kleiner Esel, und ich bin sicher, der Bauer hat nichts dagegen, wenn ich ihn für ein paar Stunden ausleihe, um dich ins Dorf zu bringen.«

Der Mann ging in den Stall zurück und nahm ein Seil und einen Halfter von der Wand. Den legte er dem Esel über den Kopf, aber keinen Sattel, keine Zügel oder sonstiges nahm er. Dann hob er seine Frau hoch und setzte sie auf den Rücken des Esels. Schließlich ging er zur Krippe hinüber, nahm das Baby heraus und legte es ihr in die Arme.

Der alte Collie sah bei alledem schweigend und staunend zu. Was sein Herr wohl dazu sagen würde ... Wenn er selbst nur reden könnte, was hätte er ihm alles erzählen können!

Der Tag brach an, und der Mann ging mit nacktem Oberkörper neben seiner Frau und dem Esel her, denn seine Sachen brauchte ja das Baby. Der Esel ging also auch! Nie zuvor in seinem Leben hatte der Collie so etwas gesehen. Er fragte sich, ob er seinen alten Freund den Esel wohl jemals wiedersehen würde. Ihm gefiel jedoch das Kind, und er wünschte, er hätte es näher betrachten dürfen. Als die vier gegangen waren, kauerte er sich wieder ins Stroh und schlief ein.

Ein lauter Pfiff weckte ihn. Sein Herr war mit den zwei Hunden zurück. Er winkte die Hunde in den Stall und stellte eine große Schüssel Futter vor sie hin. Dann ging der Schäfer in sein kleines Haus neben dem Bauernhaus, um selbst zu frühstücken.

Der alte Hund jedoch hatte keinen Appetit. Irgendwie hatte er auf gar nichts mehr Lust. Er wollte nur eins in seinem Leben, etwas, wozu er noch nie Gelegenheit gehabt hatte – er wollte das Kind noch einmal anschauen, denn er hatte noch nicht einmal richtig in sein kleines Gesicht sehen können.

Nachdem die jungen Hunde satt waren, rollten sie sich zusammen und schliefen ein, und auch der alte Collie legte sich noch einmal hin.

Wie lange er geschlafen hatte, wußte er nicht, aber er wurde vom Klappern von Hufen auf dem trockenen Stallboden geweckt. Es war sein Freund, der alte Esel. Er ging nicht in seine eigene Box, sondern in die, in der der Hund lag.

Der Hund begrüßte ihn freundlich. »Hallo, alter Freund, schön, daß du wieder da bist.«

»Ja, ich bin wieder zurück«, sagte der Esel. »Es war ein wundervolles Erlebnis. Ich habe die hübsche junge Frau und ihr Kind ins Dorf gebracht. Aber jetzt, wo alles vorbei ist, fühle ich mich ganz seltsam und überdreht.«

»Hast du das Baby gesehen?« fragte der Collie.

»Ja«, sagte der Esel. »Ich habe es gesehen. Es war das hübscheste Baby, das ich mir vorstellen kann.«

»Ich wünschte, ich hätte es auch gesehen«, sagte der alte Collie.

»Du wirst es sehen«, sagte der Esel. »Eines Tages wirst du Ihn wiedersehen. Er wird wiederkommen, und jeder wird verstehen. Aber nun etwas anderes: Sag, bin ich verändert? Ist etwas an mir anders als sonst – irgendwie seltsam?«

»Nein – ich kann nichts Seltsames an dir entdecken. Für mich bist du ganz einfach ein Esel, so, wie ich für dich eben ein Hund bin.«

»Schau noch mal hin«, sagte der Esel. »Sieh genauer

hin. Vielleicht siehst du dann etwas an mir, was dir noch nie zuvor aufgefallen ist.«

Der Collie betrachtete ihn prüfend und sagte: »Du hast vier Beine und einen Schwanz wie ich; du hast einen Kopf und zwei Ohren wie ich. Du hast eine Mähne und Haare – wie ich.«

»Nein, das meine ich nicht«, sagte der Esel. »Da ist noch etwas anderes, auf das du achten mußt. Und ich hoffe, daß es künftig viele Leute bemerken, denn wenn sie es sehen, dann verstehen sie vielleicht ...«

»Was sollen sie verstehen?« fragte der Hund. »Erkläre mir doch, was du meinst!«

»Ist gut«, sagte der Esel. »Also – schau meine Schultern an und sag mir, was du siehst!«

Der Collie richtete sich auf. Er stemmte die Vorderpfoten gegen die Wand und sah hin. Der Esel war nicht sehr groß, so daß er ihm bequem auf die Schultern sehen konnte. Und siehe da – da war *ein schwarzes Kreuz* auf dem grauen Fell, direkt zwischen den Schulterblättern. Der Collie sah es heute zum ersten Mal.

»Was ist das?« fragte er verdutzt.

»Das ist das Zeichen des Kindes, das heute nacht geboren wurde. Ich habe es heute erhalten und werde es ewig tragen, so lange, bis Er eines Tages kommt und sich jedem von uns zeigt.«

»Meinst du, ich werde Ihn dann auch sehen?« fragte der Hund.

»Ganz bestimmt wirst du Ihn wiedersehen«, antwortete der Esel. »Vielleicht nicht in dieser Welt, aber in einer anderen.«

Und er lächelte in sich hinein.

Dorothy Black
Serenas Weihnachtsgeschenk

Der alte Hund lag im Kinderzimmer und schlief. Die Kinder, die ihm früher Gesellschaft geleistet hatten, waren nicht mehr da. Vorbei die Zeit, als er sich bereitwillig in einen Seehund oder ein Raubritterpferd oder sonst etwas hatte verwandeln lassen, was gerade von ihm verlangt wurde. Jetzt war ihm nichts weiter geblieben als ein vertrauter Wollteppich, über den die Wintersonne dann und wann ihre wärmenden Strahlen sandte.

Wenn er dort lag, träumte der alte Hund davon, wie er einst die Hasen im Dickicht gejagt oder im Rhododendron-Gebüsch Verstecken gespielt hatte, ehe Amanda und Serena für solche Spiele zu groß geworden waren. Dann zuckten seine alten Beine, und er stieß ein kurzes, aufgeregtes Gebell aus. Und manchmal träumte er von den Tagen, da Amanda ihn nicht weggestoßen hatte, sondern ihn liebte und streichelte und verwöhnte.

Er war ins Kinderzimmer verbannt worden, weil zuviel von ihm vorhanden war und weil er mit seinem schwarzen Fell oft an Stellen lag, wo man ihn nicht erwartete und über ihn stolperte. An dem Tag, als Kommandant Stephen Gault aus dem Fernen Osten zurückgekehrt war, hatte das Mädchen den schwarzen Hund nicht gesehen und war mit dem ganzen Braten über ihn gefallen, was sehr peinlich war. Stephen Gault war Amandas Verehrer, und ihre Mutter, Mrs. Blagdon, wollte gern alles tadellos haben – und nicht lauter Bratensoße auf dem Teppich.

Amanda war eine Schönheit. Sie war auch klug und verdiente als Modell viel Geld. Barney, der alte Hund, hatte nicht wenig zu ihrem Erfolg beigetragen. Beide zusammen hatten so auffallend gut ausgesehen, das schlanke blonde Mädchen und der riesige schwarze Hund – ein wundervolles Bild! Die Pressefotografen ließen sich die Chance nie entgehen. Amanda fiel allen Leuten auf, aber ihre Schwester Serena beachtete niemand. Sie war erst sechzehn. Wie Barney war sie häufig im Wege. Barney war zu alt, und Serena war zu jung.

»Mit Barney muß bald mal was geschehen«, sagte Amanda und betrachtete den alten Hund voller Widerwillen. »Er wird ganz scheußlich«, meinte sie und verbot Barney ihr Zimmer.

»Wie kannst du bloß!« rief Serena entrüstet. »Er kann doch nichts dafür, daß er alt wird! Du wirst auch mal alt!« Amanda lachte und glaubte es nicht. Sie war zwanzig, und die Sonne schien, und sie glaubte, daß ihr Leben ewig währen würde.

Dreizehn Jahre lang hatte Barney neben ihrem Bett geschlafen und sie überallhin begleitet. Er war ihr Maskottchen. Und jetzt mußte er allein im alten Kinderzimmer schlafen, weil sie nichts mit ihm zu tun haben wollte. Manchmal heulte er jämmerlich.

»Wir müssen den Hund wegtun«, sagte Oberst Blagdon. »Seinetwegen habe ich die ganze Nacht kein Auge schließen können!«

Als ihr Vater das sagte, aß Serena gerade ihren Lieblingspudding. Sie legte den Löffel hin und konnte nicht weiteressen. Der Oberst wollte sie beruhigen und fuhr fort: »Heutzutage geht das völlig schmerzlos. Wenn erst mal die Beine nachgeben, darf man nicht sentimental sein!«

Es stimmte, daß Barneys Hinterbeine schwach waren. Am gleichen Morgen waren sie alle über die Heide gewandert, und Amanda war dagegen gewesen, daß Barney mitgenommen wurde. »Er fällt uns bloß zur Last!« schalt sie.

Aber Stephen hatte gesagt: »Laß ihn doch mitkommen!« Er liebte den alten Hund, denn mit Barney hatte die Sache zwischen ihm und Amanda angefangen: er hatte den Hund neben Amanda in einem Wagen sitzen sehen, bevor er wieder in den Osten reisen mußte, und hatte gleich gewusst, was ihn anzog.

»Wer ist das Mädchen?« hatte er seine Mutter gefragt.

»Amanda Blagdon. Ein sehr begabtes Ding. Ein Modell. Aber mir ist die Kleine lieber«, hatte seine Mutter geantwortet.

Doch weil sie ihren Sohn gern verheiratet wissen wollte, hatte sie die Blagdons mitsamt dem Hund am nächsten Nachmittag zum Tee eingeladen.

Den ganzen Sommer über hatten sich Amanda und Stephen oft gesehen. Sie waren nicht verlobt, aber Amandas Mutter hoffte, daß es dazu käme. Und als er dann aus dem Osten zurückkehrte, lud sie Stephen ein, Weihnachten bei ihnen zu verleben.

Und nun war Stephen da, und Schnee lag rings auf den Bergen, und sie wanderten über die Heide. Barney kam bis an die Brücke. Dann setzte er sich hin.

»Ich hab's dir gleich gesagt!« erklärte Amanda verdrießlich.

»Komm, Barney, komm!« lockte ihn Stephen, und

Barneys blanke Augen antworteten: »Ich möchte gern, aber ich kann nicht.«

»Er muß eben hier sitzenbleiben, bis wir zurückkommen«, entschied Amanda. Aber Stephen meinte, der Hund könne sich erkälten.

Plötzlich sagte Serena, sie habe sich den Knöchel verknackst. »Ich muß umkehren und nehme Barney mit! Geht ihr nur weiter!«

Amanda lachte: »Laß sie! Sie ist vernarrt in Barney!«

Stephen ließ sie gehen, drehte sich aber mehrfach um und sah, wie die zwei schwarzen Punkte vor dem weißen Schnee kleiner wurden. –

Der Weihnachtsbaum stand in einer Ecke des Wohnzimmers und glitzerte mit seinen Silberkugeln und Lamettafäden. Die üblichen Pakete in buntem Papier lagen hübsch verschnürt unter dem Baum: Geschenke der Familie untereinander und für Martha, die treue Seele, die schon seit Jahren im Hause half. Bald würde auch Stephen seine Gaben hinlegen.

Keiner durfte die Geschenke anrühren, bevor der Oberst sie am Heiligen Abend verteilte. Serena hatte sich schon ins Zimmer geschlichen und neugierig nachgeschaut, und Amanda hätte gar zu gern gewusst, ob Stephen ihr das aufregendste aller Geschenke geben würde – den Verlobungsring, den sehnlich erwarteten. Doch es lag noch kein kleines Kästchen da. »Vielleicht ist der Ring zu wertvoll, um ihn unter den Baum zu legen? Vielleicht kam ein Einbrecher?« dachte sie.

Das kleine viereckige Päckchen, nach dem sie Ausschau gehalten hatte, lag in der Nacht vor dem Heiligen Abend noch immer zwischen Stephens Taschentüchern. Es war tatsächlich ein Ring. Stephen konnte sich nicht erklären, weshalb er so lange damit zauderte. An Einbrecher dachte er bestimmt nicht. Jedenfalls nicht, bevor er mitten in der Nacht Barney heulen hörte und Schritte auf der Treppe vernahm.

Im Treppenhaus stieß er mit Serena zusammen, die den alten Hund am Halsband gepackt hatte. »Pst!« flüsterte sie. »Ich bin's bloß! Er heult, weil er sich einsam fühlt, und dann kann Papa nicht schlafen. Ich bringe ihn in mein Zimmer.«

»Ich dachte, er wäre Amandas Leibwächter?«

»Früher! Und dann hat sie ihn ausgesperrt, und er kann es nicht verstehen, der Arme. Er schnarcht, sagt Amanda, und er riecht.«

»Riecht er wirklich?« fragte Stephen halb ernst, halb lächelnd.

»Ach, ein bißchen vielleicht. Ich kann's nicht ertragen, wenn er nachts heult, und wenn Vater dann sagt, daß man es heutzutage völlig schmerzlos macht ...« Ihre Stimme zitterte.

»Wie wär's, wenn wir uns in die Küche schlichen und eine Tasse Kakao machten?« schlug er vor.

Im altmodischen Kochherd glomm noch die Glut, und ein Korbstuhl und ein Schaukelstuhl und ein weißgescheuerter Tisch standen in der Mitte der Küche. Nichts Modernes, Blankes. Martha war nicht dafür. Barney legte sich auf einen schwarzen Vorleger, und mit seinem schwarzen Fell war er nicht mehr zu sehen. Stephen fühlte sich merkwürdig wohl und glücklich, während er den Kakao mischte und auf Serena blickte, als sähe er sie zum erstenmal. Sie war keine Schönheit, wie Amanda. »Aber sie ist sanft«, dachte er, »und liebevoll.«

Und während er ihr im Kerzenlicht gegenübersaß, kamen ihm seltsame Gedanken. »Eines Tages werde ich alt sein, und vielleicht werden auch *meine* Beine nachgeben. Man weiß nicht, was einem bevorsteht.«

Der alte Hund jaulte plötzlich im Traum auf, und Serena bückte sich und legte beruhigend die Hand auf seinen Kopf. Stephen wußte, daß sie es schon oft getan hatte, wenn in der Dunkelheit Hunde-Dämonen den armen Barney plagten, und er dachte: »Ich werde auch einmal eine tröstende Hand brauchen!«

»Amanda wünscht sich einen goldenen Labrador«, erzählte Serena. »Sie hat einen gesehen, einen ganz jungen, furchtbar süßen – aber das würde Barney das Herz brechen, glaube ich.«

»Sorge dich nicht«, sagte Stephen. »Mir wird ein Ausweg einfallen.«

»O Stephen, wirklich?« Sie klammerte sich an die Hoffnung.

»Überlaß es nur mir«, sagte er.

In der Nacht hatte Stephen einen komischen Traum. Amanda kam zu ihm und sagte: »Tut mir leid, Stephen, aber ich habe jemand anders gefunden!« Und sie stellte ihm einen hübschen jungen Mann in einem netten Anzug vor. Seltsam waren nur seine langen, seidigen Labrador-Ohren!

»Heut nacht hat mich jemand mit seinem Gelächter aufgeweckt«, erzählte der Oberst beim Frühstück.

»Das war bestimmt nicht Barney!« lachte Serena vergnügt. Stephen nahm von den heißen Würstchen und war so glücklich wie jemand, der am Rande eines Abgrunds geschwebt hatte und wohlbehalten nach Hause gekommen war.

Am Heiligen Abend gaben die Blagdons eine Cocktail-Party. Ursprünglich war sie dafür gedacht, Amandas Verlobung zu verkünden, doch die Sache schien sich immer noch hinzuziehen, deshalb wurde nichts davon erwähnt. Amanda hatte ein neues Kleid aus blaßrosa Taftseide. Serena trug ein königsblaues Kleid, das einmal Amanda gehört hatte und verlängert worden war.

»Bei Lampenlicht kann man den angesetzten Saum nicht sehen«, sagte Mrs. Blagdon und dachte, daß es ohnehin nicht darauf ankam. Nicht bei einem Mädchen, das erst sechzehn war.

Stephen erschien verspätet. Er hatte ein langes Ferngespräch mit Worthing gehabt, wo seine Mutter jetzt wohnte. In der Halle stieß er mit Amanda zusammen.

»Ich habe dich überall gesucht!« rief sie freudig. »Du mußt ihn dir anschauen – den süßesten kleinen Hund, den ich so gern haben möchte!« Und dann fragte sie ärgerlich: »Was gibt's da zu lachen?«

Wie konnte sie auch ahnen, daß das rundliche goldene Hündchen mit den Labrador-Ohren, das sie ihm zeigte, das getreue Abbild des jungen Mannes war, den Stephen im Traum gesehen hatte? Es war nicht schwierig für Stephen, den Besitzer des Hundes zu finden, da die Leute meistens Ähnlichkeit mit ihren Schoßtierchen haben. Und es war nicht schwierig, ihn heimlich zu erwerben, da er zu einem Wurf von acht Labradors gehörte.

Nachdem Stephen das Nötige veranlaßt hatte, sah er

sich nach Serena um. Endlich fand er sie im alten Kinderzimmer, wo sie bei Barney saß, der sich auch nichts aus einer Party machte. Sie streichelte ihn.

»Ich habe es geschafft«, erzählte Stephen. »Meine Mutter will ihn nehmen! Es macht ihr nichts aus, daß Barney alt ist. Die beiden können sich gegenseitig Gesellschaft leisten, und du kannst hinfahren und ihn besuchen und mir dann schreiben und berichten!«

Er nahm die Pfote, die Barney ihm dankbar hinstreckte, und drückte sie herzlich. »Wie du mir, so ich dir«, sagte er zu Barney.

Serena verstand nicht, was er damit meinte, und überhaupt war sie vor Erleichterung den Tränen nahe.

Im Laufe des Abends überdachte Stephen seine Geschenke. Für Mrs. Blagdon den indischen Schal, für Serena die Schokolade und für Amanda das dicke goldene Labradorhündchen. Den Ring holte er aus der Schachtel und stand ein Weilchen da, ihn nachdenklich betrachtend. Der Stein hatte die gleiche Farbe wie Serenas Augen. Komisch, daß es ihm noch nie aufgefallen war. Die kleine Schachtel schnappte laut zu und wurde bei seinem Pass und andern Dingen aufbewahrt, die er einstweilen noch nicht brauchte.

Shel Silverstein
Der Weihnachtshund

Heut ist der 24. 12.,
Als Wachhund mein erster Tag,
Vergangen bereits bis zur Hölfte;
Mal sehn, was der Rest bringen mag.

Was ist *das* denn, Lärm auf dem Dach?
Katze? Nein, Einbrecher? Kenner
Hören den Unterschied raus. Krach
Im Kamin? –: Ein bärtiger Penner!
Und die größte Sauerei:
Er hat einen Sack dabei!

Ich belle, ich knurre, ich beiß ihm ins Bein.
Er schreit, springt zurück in den Schlitten.
Diese komischen Viecher kriegen auch noch fein
Was ab. Da hilft kein Bitten.

Jetzt ist das Haus wieder friedlich und still.
Der Platz vor dem Christbaum ist leer.
Wenn Herrchen mich morgen belohnen will –
Verdient hätt ich's jedenfalls sehr.

Nachdichtung von Harry Rowohlt

Edwin Arnet
Weihnachtslegende vom überfahrenen Hündchen

Jeden Wintermorgen erschien im Sektiererlokal der Lenoniten der Heizer. Der Ofen des Saales befand sich ausgerechnet hinter dem Katheder, war eine mannshohe Säule mit zwei Deckeln, und er glich jenen Öfen, wie man sie in den Bahnhöfen abgelegener Dörfer findet. Jeden Morgen kam also der Heizer, schüttete aus einem Kessel die Kohlenbrocken in den Ofen, lüftete den Saal und schloß nach einiger Zeit wieder die Fenster, die in hohe, kahle, weißgetünchte Wände eingelassen waren. Doch ich will nicht bei der Schilderung des Betsaales verweilen, denn in allererster Linie muß sich der Autor dem Menschen zuwenden ..., obgleich das heute etwas aus der Mode gekommen ist.

Dieser Heizer war ein kleiner Mann von sechzig Jahren, mit kurzen Haaren und einem verwitterten Gesicht, aus dem melancholische Augen blickten. Wenn er die Kohlen in das Ofenloch schüttete, erweckte der Mann den Eindruck eines kräftigen Arbeiters, wenn er aber seine Arbeit beendet hatte und vor dem Fensterglas seine Krawatte mit zwei rissigen Fingern nach dem Halse zuschob, dann hatte er etwas Rührendes, etwas ungemein Kindliches und Zartes, und man war versucht, innerlich zu schluchzen, denn nicht wahr, die Kreatur, die nicht gerade Kampfstellung annimmt, sondern in ihrer Hilflosigkeit und Kindlichkeit dasteht, ist bemitleidenswert; mir geschieht es bisweilen, daß ich über der hilflosen Geste eines Menschen schwermütig werde. Es ist so, als ob der Betreffende von einer Geißel geschlagen würde, von der man nicht weiß, wer sie in der Hand hält.

Dieser Heizer besaß einen Hund, eine gewöhnliche Straßenmischung, ein Bastard sozusagen, wenn man mit Shakespeare reden will. Dieser Hund sah aus, als ob er einen geschwollenen Leib unter einer Last wirrer Haare und Zotteln trüge. Sie hingen ihm auch über die Augen, und die Leute standen still, wenn der Hund über die Straße lief, denn sie konnten es nicht verstehen, daß ein Hund gleichsam ohne Augen seinen Weg durch all die klirrenden und seufzenden Wagen hindurch finden könne. Es fiel auf, daß dieser Hund seinem Herrn auf eine recht merkwürdige Weise gehorsam war. Pfiff der alte Mann, dann wedelte der Hund etwa nicht an seinen Beinen empor, nein, er kam einfach zurück, blieb neben seinem Herrn ergeben stehen und hielt den Kopf ein klein wenig zur Seite geneigt. Er war nicht devot, nicht gemütvoll, wie die Hunde der alten Damen, die für jeden Zucker einen ganzen Zirkus aufführen. Es war ein stiller, ein scheuer Hund, und das machte ihn schön, nur daß eben sehr wenige Leute den Blick für eine solche Schönheit besaßen und den Hund eher komisch fanden. Der alte Mann liebte diese Schönheit wohl, aber auch er zeigte seine Freude nicht, sondern war mit seinem Hund eher streng und kurz angebunden. Aber wenn der Hund abends sich verspätet hatte, ging der Alte ans Fenster und sah nach dem Strand hinab, wo er in dem Schwarz, das die kahlen Bäume und die Uferpfosten einhüllte, seinen Hund suchte. Einmal ging er sogar auf die Straße hinab und pfiff leise, bis ein Student ihn ansprach und fragte, ob er auf ein Hundevieh warte. Sie kamen ins Gespräch, und der Student lachte: »Ist's nicht dieser Hund, wär's ein anderer. Sie lieben ganz einfach die Kreatur gemeinhin, ob sie nun Zotteln oder Zebrastreifen hat. Kommt Ihr Hund eines Tages nicht mehr nach Hause, dann werden Sie ihn laufen lassen; ja Sie kaufen sich einen andern, Sie werden sehen, wie schnell man sich wieder an ein anderes Tier gewöhnt. Es ist die Kreatur gemeinhin, die wir lieben, nicht irgend ein bestimmtes Tier.« Der Student lachte wissend und kichernd und zog sehr selbstbewußt die kalte Nachtluft durch die Nase. Der Alte ging heim und dachte mit seinem abgearbeiteten Kopf über die Worte des Studenten nach. Es war ihm unbehaglich, obgleich er das Gesagte nicht verstanden hatte. Er fühlte nur, es ging gegen seinen Hund, und offenbar sollte sein Hund nicht mehr zählen als alle die andern Hunde, auch jene dort, die ihr Bein vor einem Pfosten nie zum Gruße hoben. Auf alle Fälle war der Alte sehr froh, als er nach Mitternacht vor dem Hause das bekannte Knurren hörte. So schnell war er noch nie in die Hosen geschlüpft und zur Türe hinabgeeilt! Der Hund hatte ein nasses, struppiges Fell, offenbar war er gejagt oder in einem Keller eingesperrt worden. Der Alte wischte das Fell des Tieres mit einem Lumpen ab, gab ihm Milch und legte die Zaine (Korb) mit warmen Wollenlappen aus. Der Hund schlief ein, und der Alte blieb in der Nähe auf dem Stuhl sitzen. Er hörte das Atmen des Hundes, er sah seinen großen Kopf in dem Dunkel, er roch seine Wildheit und seinen stumpfen Schweiß.

Da erinnerte sich der Mann jener Nacht, da er jenem andern, schweren Atem zugehört hatte, dem Atmen seines kranken Kindes. Das lag in seiner kalten Kammer im Bette, war vom Fieber geschüttelt, schlug mit den Zähnen zusammen und suchte mit den kleinen Händchen auf dem Kissen nach irgend etwas, als ob es auf der weißen Wiese des Krankenbettes Blumen mit sehr kurzen Stengeln pflücken wollte. Er war mit seinem Kinde allein, der Arzt hatte ihn verlassen, alles, die ganze Welt, der Himmel, Gott, alle hatten ihn verlassen. Und am Morgen verließ ihn auch das Kind. Es schlug auf einmal die Augen auf, blieb mit einem Blick, den der Herrgott nur einmal erschaffen hat, an seinem Vater hangen, versuchte aus der unendlichen Tiefe des Fiebers ein Lächeln heraufzuholen, was ihm aber nicht mehr gelang, und dann öffnete es die Lippen, die dünnen, ausgemergelten, und wollte etwas sagen. Aber der Tod hatte ihm bereits die kleine Seele weggenommen, und so blieb der Blick erstorben und die Lippen erstarrt, und der Alte spürte, daß sein Kind nie mehr wiederkommen würde, eine, zwei, hundert, tausend lange Ewigkeiten nicht mehr. Ich will die Beerdigung mit dem Pfarrer, den drei Hausbewohnern und einem ganz entfernten, immer auf die Uhr schauenden Verwandten nicht schildern, auch die nächsten Nächte des Vaters nicht, der im Zimmer auf und ab schritt, die Spielsachen des toten Kindes ins Dunkel des Kastens stellte, plötzlich seinen Kopf in jenes Kissen fallen ließ, an dem noch der Geruch des Kindes war. Ich will weiterfahren und nicht dabei verweilen, den Schmerz, die Schwermut und die Verlassenheit des alten Vaters zu schildern, denn jener Schmerz gehört nur dem, der ihn erleidet, und sobald man Schmerz erzählt, wird er literarisch, und die Leser meinen, es handle sich um den Schmerz gemeinhin, so wie jener Student auch gemeint hat, der Alte liebe die Kreatur gemeinhin und nicht einen ganz bestimmten Hund.

Der Alte hielt seine Verlassenheit schließlich nicht mehr aus. Er suchte nach einem Gefährten, mit dem er reden, ja, mit dem er sich vielleicht über sein Kind unterhalten konnte. Und eines Tages lief ihm der Hund zu, struppig und wie mit tausend Peitschen geschlagen. Er nahm ihn auf, nicht nur in die Kammer, sondern in sein Herz, ja, man wird den Kopf schütteln, auch in sein ganzes Wesen. Er dachte an seinen Hund, sobald er in der Stadt alle die Öfen geheizt hatte. Er freute sich auf seinen Hund, so wie sich ein Student auf ein neuerschienenes Werk, eine Dame auf ihr Reitpferd, der Händler auf eine große Bestellung freut. Nein, alle diese Vergleiche sind falsch: er flüchtete zu seinem Hund, er hatte ein tiefes Heimweh nach ihm, es war sein letztes Ziel. Er griff in den Schmutz von Kehrichteimern hinein, wenn er einen Knochen entdeckte, und wenn ihn jemand dabei ertappte, da ertrug er die Scham lächelnd, und er ging mit dem Knochen rascher seinem Hause zu.

Einmal nahm er am Gottesdienst der Sekte teil, deren Saal er geheizt hatte. Die Leute hatten den Kopf geneigt, der Vorbeter sprach sein Gebet, das Harmonium spielte. Es wurde feierlich, und der Alte hatte ein Gefühl von Heimweh, Glück und Schwermut. Mitten in diesem schönen Gefühl fiel ihm sein Hund ein, der jetzt allein zu Hause unter dem Tische saß. Ein grenzenloses Mitleid stieg ihm gegen die Gurgel. Mitten im Gesang verließ er heimlich und still das Lokal und eilte nach Hause. Einfachen Menschen kann so etwas begegnen, aber sie haben das Pech, daß kein Poet in ihrer Nähe steht, der die Tiefe dieses Gefühls ermessen könnte. Und die andern, die Zeugen solcher Szenen sind, finden das ganz einfach komisch.

Es war an einem Novemberabend, als der Alte vor seinem Hause einen Menschenhaufen erblickte. »Ah, da kommt er«, rief ein junger Mann und führte den Alten zu seinem Hund, der auf dem Straßenpflaster lag, den Kopf vor sich auf den ausgestreckten Pfoten, die Augen klein und unregelmäßig geschlossen; unter dem Fell rann ein kleiner Blutfaden hervor, dünn und bereits kallig (eingetrocknet) geworden. »Es tut mir leid«, sagte ein gutgekleideter Herr, »aber der Hund ist mir in die Droschke hineingesprungen.« Der Alte hörte nichts mehr, er stand klein und unbeholfen vor seinem Hund, zupfte am Kragen, und aus seiner Brust stieg ein dumpfer Laut, fast wie Knurren oder heiseres Räuspern.

Nachts dachte er darüber nach, wie er seinen Hund bestatten könne. Es gab keine andere Art als das Verscharren, das gemeine, hinterhältige, unfeierliche, schäbige Verscharren. Der Alte schüttelte fortwährend seinen Kopf, und am frühen Morgen legte er die Leiche in einen großen Korb, den er in das Lokal der Lenoniten trug, wo es noch dunkel war und nach den nassen Kleidern und Galoschen des Vorabends roch. Er nahm den Hund aus dem Korb – wie schwer war er geworden – und legte ihn auf den Teppich hinter dem Katheder, und dann ging er zum Harmonium, hob den Deckel über der Tastatur und drückte zwei Töne miteinander. Sie waren wohlklingend, und er wiederholte sie immer wieder, langsam, gedehnt und so, bis er eine Feierlichkeit aus den Tönen steigen fühlte. Dann schloß er das Harmonium wieder, legte den Hundekörper wieder in den Korb hinein und trug ihn vor die Stadt hinaus, wo Birken eine kleine Allmend umstanden, dünn und karg. Da grub er ein Loch, rund und säuberlich, und stellte den Korb mit dem Hund hinein. Er deckte das Ganze wieder zu und legte einige Blumen auf den verscharrten Boden. Dann ging er heim.

Und es wurde Dezember. Die Schneeflocken schwebten zärtlich herab, als ob sie Angst hätten, der Erde weh zu tun. Der Alte suchte auf der Allmend zwischen den Birken das Grab seines Hundes, er scharrte den Schnee mit den Füßen weg, aber er fand die Stelle nicht mehr. Es war schon dunkel, und es sah aus, als ob ein Meer von Nebel die Erde mit einer zweiten Sintflut ertränken wollte. Da stand plötzlich eine Frau neben ihm, die er nicht anzusehen wagte, denn er wußte, daß es ein Engel war, und kein einfältiger Mensch wagt einen Engel anzuschauen. Sie sagte: »Laß deinen Hund schlafen, da du aber einsam bist und nach einem Freund suchst, komm mit mir in den Stall.« Er ging mit und die Frau führte ihn in einen Stall, in dem ein weißes Pferd stand. Es hatte den Kopf gesenkt und war wie von Sorgen beladen. Als die Frau etwas aufhob, was wie eine Kerze oder wie eine Lichtschale aussah, wendete das Pferd seinen Kopf, und der Alte sah zwei Tieraugen, in denen alle Schwermut der Erde zusammenfloß. In diesem Augenblick war es dem Alten, als ob er nicht mehr allein wäre. Er wäre gerne neben dem Pferd ins Stroh gesessen und hätte gerne den Abend hier verbracht, von dem er plötzlich wußte, daß es der Heilige Abend war. Aber die Frau führte ihn wieder aus dem Stall heraus und hieß ihn mit ihr in die Stadt zu gehen. Dort hatten sie, da es spät war, bereits die letzten Bäumchen an die Mauer des Kaufhauses gelehnt. Hinter der Orgel der leeren Kirche saß der alte verlassene Organist, dessen Hände langsam über die braunen Tasten hinzitterten.

Überall hatten die Menschen die Gardinen geschlossen, hinter denen man den zarten Schein von Christbäumen sah, nur ein Fenster war noch hell erleuchtet, das Fenster des Spielwarenladens. Die Frau sagte zu dem Alten, dem der Wind den Hut vom Kopfe geblasen hatte: »Sieh hier diese Stofftiere! Viele haben heute in dieses Schaufenster hineingeblickt, aber keiner hat diese Tiere so verstanden wie du.« Und richtig, der Alte sah die Stofftiere, diese Katzen, Eselein und Hunde eines nach dem andern an, und es war ihm, als ob unter der Stoffhaut dieser Tiere ein geheimes Blut pulste. Er suchte nach einem Hund, der seinem toten Hündlein gliche. Aber es war keines da, und der Alte wußte es auf einmal, daß kein Toter ersetzt werden kann. Was lebt, lebt nur einmal, und was stirbt, stirbt nur einmal. Einmal glaubte der Alte in einem Tier seinen Hund zu erkennen, aber die Augen waren anders, es fehlte ihnen der Glanz des Zutrauens und der stille Schein der Scheu und vielleicht auch der Angst. Da die Türe zu dem Laden offenstand, ging er hinein. Die Regale waren fast ausverkauft, nur auf einigen Tischen und in ein paar wackeligen Kästen lagen noch ein paar Windrädchen, Puppen und Stofftiere, schief hingelegt, von weihnachtseiligen Angestellten liegengelassen. Der Alte stand besonders lange vor dem Tisch mit den Stoffhündchen. Eines glich seinem toten Hund, und drum strich er nun mit seinen alten, großen Händen darüber hin, aber es war bloß Filz, und die Augen bestanden aus gläsernen Kügelchen. Es geschah, daß der Alte das Stoffhündchen in die Hand nahm, es vor seinen Mund hielt und ihm seinen Atem einblies, so wie Gott der Herr einmal der Kreatur den Atem eingeblasen hatte. Der Atem machte den Filz ein klein wenig warm, und die Augen des Stoffhündchens liefen an, aber lebend wurde es nicht. Der Alte sah, wie die Frau lächelnd zu ihm über den Tisch hinübersah, und er sagte: »Ich bin so allein.«

»Streichle noch einmal diese Spielsachen«, sagte die freundliche Frau.

Er streichelte der Reihe nach die Hündchen, das Eselein, die Katze, das Windrädchen und die Eisenbahn, und kaum war seine Hand darüber hinweggestrichen, begannen die Tiere sich zu regen und das Schwänzchen zu ringeln. Das Windrädchen drehte sich wie in einem geheimen Winde, und die Eisenbahn begann leise mit feinem Räuchlein zu fahren. Die Farben der Filze fingen an zu leuchten, die Glasaugen zu funkeln, die Rädchen zu blitzen, kurz und gut, je kleiner die Sachen waren, desto schöner und leuchtender wurden sie. Da ging eine andere Türe auf und herein kam das Kind des Alten, und an einem Seilchen lief hinter ihm der Hund drein. Das Kind trug noch das Totenhemdchen, und der Hund war dort ein wenig struppig, wo der Wagen über seinen Leib hingefahren war.

Draußen begannen die Glocken zu läuten, und man

hörte auch das Orgelspiel des einsamen Organisten, und zur gleichen Zeit verließ das weiße Pferd seinen Stall, um, von den Glocken und Orgeln gerufen, nach dem Städtchen zu traben.

Jessie Kerr Lawson
Twinkle oder Liebst du meinen Hund, so liebst du mich

Regen, Regen, Regen. Es hatte die ganze letzte Nacht geregnet, es hatte den ganzen Tag geregnet, noch immer fiel ein leichter Nieselregen. Aber durch diese graue Ungemütlichkeit hindurch hielt der ausgedehnte Lärm des Großstadtverkehrs weiter an; auf den glatten, glänzenden Straßen klapperte unablässig das Klack-Klack-Klack von Pferdehufen; die Omnibuswagen waren bis auf die Trittbretter besetzt, als die undurchdringliche Nacht herabsank, allmählich die Gaslaternen aufflackerten, die Schaufenster aufleuchteten und den langen Blick durch die Argyle Street illuminierten. Diese Fenster, mit ihrer Vielfalt ausgestellter Farben stets eine Attraktion, strahlten heute abend so bunt wie ein Osterbasar. Und trotz der Dusche überm Kopf und der Nässe unter den Füßen waren die Straßen überfüllt mit wohlhabenden Bürgern und auch ganz und gar nicht wohlhabenden Bürgern: Bürger in behaglichen Überziehern und mit gummibeschuhten Füßen, Bürger in abgelegten Mänteln vom Trödler, notdürftig zugeknöpft über der frierenden Brust, und in Schuhen, die das Wasser aus- und einpumpten bei jedem Schritt; Bürgerinnen in vernünftig robusten Stiefeln und mit verläßlich wasserdichten Umhängen und Regenschirmen; Bürgerinnen mit schalumwickelten Köpfen und – o Jammer, o Elend! – nackten Füßen, ganz weiß gewaschen vom kalten, kalten Regen.

Aber ob wohlhabend oder nichts habend, alle umkreisten heute abend in einem ständigen Schwirren die Ladenfenster wie Nachtfalter das Licht, manche überlegend, wie viel, manche, wie wenig sie kaufen konnten; manche blickten bitter drein und versuchten sich einzureden, die Trauben seien sauer – jene Trauben, die zur Weihnachtszeit reifen, gefüllt mit dem Wein des Wohls für alle; jene Trauben, welche selbst zu kosten oder anderen zu schenken ihnen durch traurige Umstände verboten war, so gern sie es gewollt hätten.

Die Läden schienen reißenden Umsatz zu machen, denn noch immer herrschte ein Kommen und Gehen und ein Rein und Raus von Kunden, die sie mit der Geldbörse in der Hand und miteinander tuschelnd betraten und sie wieder verließen mit Händen voller Päckchen – ganz geheimnisvollen Päckchen –, die sie lieber selbst tragen wollten anstatt sie anliefern zu lassen; Päckchen, die der Obhut von Santa Claus anvertraut würden, die von ihm über den Luft- und Traumlandweg hinab durch viele, viele rußige senkrechte Tunnels gebracht werden sollten. Gewiss, es war eine mondlose und rutschige Nacht für Rentierhufe, die doch um die Kamine klappern sollten, aber da ihr Schritt so sicher war, wie die Liebe zu kleinen Kindern ihn nur machen konnte, kamen die Päckchen stets sicher an, wie die nächste Morgendämmerung es strahlenden und früh erwachenden Augen bewies.

Unter den wohlhabenden Bürgern, die gerade in die Scheinwelt in einem Spielzeugladenfenster blickten, befand sich auch eine Gruppe von zwei Männern und einer Frau – John Milne, seiner Gemahlin und seinem Bruder

Tom, letzterer eben erst zurückgekehrt von einem langjährigen Aufenthalt in Kanada. Jetzt betraten sie den Laden und wurden bedient und waren gerade im Begriff, ihn wieder zu verlassen, als Toms Blick zufällig auf einen komisch aussehenden Spielzeughund fiel.

»Ach, könnten Sie mir bitte noch diesen Hund dort zeigen«, meinte er zu der Verkäuferin.

»Oh, Tom, du hast schon genug für die Kinder ausgegeben«, protestierte seine Schwägerin.

»Egal, ich werde in diesen Hund investieren, er wird mich schon nicht Bankrott machen«, antwortete er in sich hinein lächelnd, und John flüsterte, durchaus nicht ungehalten, seiner Frau ins Ohr: »Laß Tom besser seinen Willen, Mary. Den hat er immer durchgesetzt, solange ich zurückdenken kann.«

Tom hörte, was er sagte, wandte sich nach seinem Bruder um und echote mit einem zustimmenden Augenzwinkern: »Da kannst du Gift drauf nehmen«, und trug den Hund im Triumph davon.

An jenem Abend kamen, nachdem die Kinder bereits zu Bett gegangen waren, noch ein paar Freunde auf dem Heimweg von ihren Einkäufen vorbei.

»Oh, was habt ihr denn da – einen Hund?« schrie Kate Wyn auf.

»Jawohl, Miss Wyn, das ist mein Hund; das ist Jim Mackenzies Twinkle, wie er leibt und lebt. Ich habe mir diesen da gekauft, weil er Twinkle wie aus dem Gesicht geschnitten gleicht.«

»Twinkle? Jim Mackenzie?« stöhnte Kate wie nach Luft ringend auf, doch im nächsten Moment setzte sie sich ruhig wieder hin und sagt nur: »Oh.«

Kate war eine Freundin des Hauses, eine Frau von bereits über zweiunddreißig Jahren, aber noch immer in voller Blüte und verblüffend gut aussehend. Warum sie nie geheiratet hatte, war all jenen ein Rätsel, die wußten, wir sehr sie von den Männern aus ihrer Bekanntschaft bewundert wurde; aber irgendwie hatte sie einen Tick, es bei Bekanntschaften männlicher Art auf der Bekanntschaft beruhen zu lassen; und mit keinem Vertreter des anderen Geschlechts hatte sie auch nur die platonischste Freundschaft aufkeimen lassen. Es hatte einmal ein Gemunkel über irgendeine Enttäuschung in der Liebe gegeben, aber das war vor langer Zeit gewesen, noch bevor ihr Vater von Irvine nach Glasgow gezogen war, wo er ein angesehener Bürger wurde. Über diese Liebesaffäre blieben Kates geschwungene Lippen verschlossen wie ein Siegel. Hatte sie in ihrem inneren Bewußtsein eine unverheilte Wunde, so ließ sie keine Klage darüber laut werden, nicht einmal gegenüber ihren engsten Freundinnen. Wenn diese sie verspotteten, weil sie nicht verheiratet war, dann lachte sie und sagte, sie würde schon heiraten, wenn der richtige Mann daherkäme.

Die gegenwärtig Versammelten waren zu ausgelassen und von ihrem Gelächter über Toms Spielzeughund selbst zu sehr gefangen, als daß sie Kates momentane Anwandlung und das plötzliche Erblassen ihres klaren Gesichts bei der Erwähnung von Jim Mackenzie und dem Hund Twinkle bemerkt hätten.

»Ist das dieser Mackenzie, von dem du in deinen Briefen geschrieben hast, Tom?« erkundigte sich sein Bruder mit einiger Neugier. »Der Mann, der nicht erlaubte, daß du seinen Hund verspeist, als ihr alle am Verhungern wart?«

»Ja, das war Jim. Er hatte gerade eine Anstellung in einer Handelsniederlassung an der Hudson-Bay erhalten und befand sich – er und ich und der Halbblut-Indianer – auf dem Weg dorthin. Ihr wißt, einer der Hauptgrundsätze der Hudson Bay Company lautet: Die einzigen Männer, auf die man sich bei der Anstellung dort oben verlassen kann, sind Schotten. Ein anderer braucht sich gar nicht erst zu bewerben. Dieser Grundsatz hat sich in langer Erfahrung mit anderen Nationalitäten entwikkelt, und seine Richtigkeit bestätigt sich jedes Mal aufs neue.«

»Du könntest uns jetzt einmal erzählen, wie du diese Zeit überstanden hast, Tom. Dein Brief war höchst unbefriedigend. Du schienst den Umstand, daß du gerettet wurdest, wichtiger zu nehmen als die Art und Weise, wie es dazu kam.«

»Allerdings!« näselte Tom verächtlich. »Wenn du wochenlang, wie wir es taten, auf Schneeschuhen gestapft wärst, unterwegs durch ein Land, das aus einer einzigen Gruppe von Seen besteht; ein paar Meilen oder so durch den Schnee, dann über einen See, dann wieder weiter zu Fuß, dann ein nächster See, diesmal mit Eis überzogen, bis völlig unerwartet die Luft – für die Jahreszeit viel zu früh – warm wurde und du dann wie wir an einem See kamst und feststellen mußtest, daß das Eis überall aufgebrochen war und in Schollen umhertrieb und dein Proviant fast alle war und deine Pulverflasche so gut wie leer, und Meilen und Abermeilen nichts als Matsch und Morast und das nächste Indianerdorf dreißig Meilen weit entfernt und zudem jenseits des Sees und kein Kanu zur Hand, um es zu erreichen – Gott im Himmel! Das sind Erlebnisse, die willst du auf der Stelle, wenn nicht noch schneller, vergessen. Da willst du die ganze Qual direkt danach nicht gleich noch einmal auf dem Papier durchstehen, das schwör ich dir. Aber nun ist das Ganze schon mehr als sieben Jahre her. Der Abstand glättet die Dinge beträchtlich, und so macht's mir jetzt nichts mehr aus, euch zu erzählen, wie es dazu kam, daß ich Jims Hund umbringen und verspeisen wollte. Der da ist sein lebendes Ebenbild, nur daß Twinkle natürlich ein riesengroßer Hund, ein Collie war, und Jim sich von diesem Vieh einfach nicht trennen konnte. Natürlich bin ich jetzt heilfroh, daß er ihn bis aufs Messer gegen mich verteidigt hat, aber wenn ein Mensch vor Hunger und Verzweiflung ganz elend ist, dann wird er zu einem rasenden Wolf: Die alte Bestie, der Beutejäger erwacht in ihm und Leben, Leben, Leben ist der einzige Gedanke, zu dem er noch fähig ist.«

Die versammelten Freunde zeigten reges Interesse an Toms Geschichte. »Laß sie uns hören, Tom; du mußt ja ganz schön auf dem Hund gewesen sein, wenn du vorhattest, einen Collie zu verspeisen«, meinte einer von ihnen lachend.

Kate Wyn lehnte sich in den Sessel zurück, stützte ihren Ellbogen auf den Tisch und hielt schirmend die Hand über ihr Gesicht.

»Erzählen Sie uns, Mr Milne. Erzählen Sie uns alles, wie es war. Ich möchte wirklich zu gern von Ihrem Abenteuer hören«, sagte sie in einem ruhigen, bestimmten Ton, und Tom begann:

»Wie ich schon sagte, waren wir also unterwegs, wir drei, Jim Mackenzie, ich selbst und das Halbblut, und auf Schneeschuhen war das Reisen durchaus nicht unbequem, bis wir eben an diesen See kamen und feststellten, daß das Eis aufgebrochen war und unser Proviant und Pulver aufgebraucht, das Indianerreservat dreißig Meilen entfernt und kein Kanu da war, um damit über den See zu gelangen. Jim sah das treibende und vorüberziehende Eis an; er sah die schwarzen Wälder an und die weiten Flächen von Morast dazwischen – Morast, versteht ihr; reiner Morast, denn die Luft war seit einigen Tagen ganz mild gewesen und die Sonne hatte für die Jahreszeit ungewöhnlich stark durchgeschienen, und dann sah Jim mich an. Ich sagte kein Wort; ebenso wenig das Halbblut. Ein paar umgestürzte Bäume, bedeckt mit schmelzendem Schnee, lagen herum. Wir fegten sie frei und setzten uns nieder und dachten scharf nach. Versteht ihr, da man Jim als einen Angestellten der Hudson Bay Company zu einem dieser Indianerposten direkt auf der anderen Seite des Crooked Pine Lake geschickt hatte, um nach irgendwelchen Waren zu forschen, die abhanden gekommen waren, und da ich und Michel Noyes mit ihm gingen, haben wir uns gedacht, wir könnten nebenher auch ein wenig auf Fallenjagd gehen. Natürlich hatten wir nicht mal im Traum daran gedacht, daß das Eis ganze drei Wochen vor der üblichen Zeit brechen würde; nein, nicht mal im Traum, aber uns blieb nichts anderes übrig, als unseren Fußmarsch quer über das Eis fortzusetzen. Aber wie sich herausstellte, saßen wir nun selbst in der Falle und, wenn der See nicht wieder zufrieren würde, mit der ziemlich hohen Wahrscheinlichkeit vor Augen, daß wir verhungern müßten. Denn, versteht ihr, wir waren unterwegs durch eine Gegend, die buchstäblich durchsiebt war von Seen – einem endlosen Geflecht von Seen; und der Versuch, dieses Gebiet auf festem Land zu umgehen, hätte einen Fußmarsch von Hunderten von Meilen bedeutet, ohne Nahrung und ohne Munition, um irgendein Wild egal welcher Art zu erlegen – etwas völlig Unmögliches. Also hatten wir keine andere Wahl als hier bei Brule Portage zu lagern und abzuwarten, was die Vorsehung für uns in petto hatte.

Wir waren alle zu Tode erschöpft, mit den Kräften am Ende, und dieser neue Schock gab uns den Rest. Wir brachten es nicht über uns, den Mund aufzumachen. Jeder von uns wußte genau, wie viel es noch zu beißen gab, und jeder rechnete sich insgeheim aus, wie lange man mit diesen Vorräten für nur zwei Tage noch auskommen könnte. Gott weiß, wie lange wir dort noch gesessen und düster vor uns hin gebrütet hätten, wenn Jims Hund Twinkle nicht plötzlich aufgesprungen wäre, sich bettelnd auf die Hinterkeulen gesetzt und ihm direkt in die Augen geblickt hätte. Diesen Hund hatte ihm mal irgendein Freund in der alten Heimat drüben – also hier in Schottland – geschenkt, und er hatte ihm alle möglichen Tricks beigebracht. Twinkle war hungrig und bettelte nach irgend etwas Eßbarem.

›Ganz richtig, Twinkle‹, sagt er und springt auf. ›Ich denke, es hilft uns nicht weiter, wenn wir hier nur herumhocken und die Zeit vertun. Komm, laß uns ein paar Karnickel fangen.‹

Twinkle kläffte und tänzelte um ihn herum, und die

beiden brachen auf, um Schlingen aufzustellen. Michel Noyes und ich, wir packten ebenfalls Schlingendraht aus und gingen Fallen aufstellen, und ungefähr bei Sonnenuntergang kehrten wir alle wieder zu der Portage* zurück. Jim blickte besorgt in den Sonnenuntergang – er war zu rot für seinen Geschmack. Ein klarer, scharfer Streifen in kaltem Erbsengrün wäre ihm willkommener gewesen und hätte Kälte bedeutet und womöglich die ganze Nacht hindurch Frost, und Frost hätte unsere Rettung bedeutet. So wie es stand, war die Luft aber warm und würzig und wehte uns diesen Duft, diesen frühlingshaften Duft nach Fichtennadeln herüber.

›Was meint ihr: Könnten wir heute nicht mal das Abendessen ausfallen lassen?‹ fragte Jim. ›Morgen früh haben wir sicher noch mehr Hunger, und wenn wir uns jetzt in unsere Kaninchenfelldecken einrollen und uns schlafen legen, werden wir es nicht zu sehr vermissen.‹

Michel zuckte die Achseln, was bedeutete, daß er unter Protest zustimmte, und obwohl ich nie mit leerem Magen schlafen kann, ließ ich mich dazu bewegen, von dem Vorschlag ebenfalls entzückt zu sein.

›Nach dem Frühstück werden wir auf Waldhuhnjagd gehen‹, meinte Jim recht hoffnungsvoll. ›Dort drüben habe ich einige Spuren im Schnee gesehen.‹

Auf dieser Hoffnung war gut schlafen, und so begannen wir uns Zweige von Rot- und Balsamtannen zu schneiden und machten uns herrliche, über einen Fuß dicke federnde Matratzen. Auf diesen legten wir uns,

* *Portage*: Ort, an dem Schiffe und Waren zum Transport auf dem Landweg zum nächsten Ufer eines Gewässers umgeladen werden; dt. Portage oder Trageort [Anm. d. Übers.].

in unsere Karnickelfelldecken eingerollt, an dem prasselnden Feuer, das wir angezündet hatten, nieder.«

»Unter freiem Himmel? Habt ihr da nicht gefroren?« fragte Mrs Milne.

»Gefroren? Nein, wir haben nur mächtig Hunger gehabt. In eine Kaninchenfelldecke eingewickelt, spüren Sie die Kälte nicht. Die Decken sind warm und wasserdicht. In eine von diesen Decken eingewickelt, friert kein Mensch.«

Mrs Milne zuckte mit einem schmunzelnden Frösteln die Schultern. Der Gedanke, unter freiem Himmel auf einer in den Schnee gelegten Matratze aus Rottannenzweigen zu schlafen, hatte sichtlich nichts Einladendes für sie. Kate nahm die Hand von ihrem Gesicht und blickte Tom mit unverkennbarer Sympathie an. Sein Blick begegnete dem ihren, und er fuhr fort.

»Am nächsten Morgen hatten wir in der Tat ein nur spärliches Mahl, und nachdem wir uns aus gekreuzt aufgestellten Stangen, bedeckt mit flachen Rottannenzweigen, eine Art Wigwam errichtet hatten, brachen wir auf, um nachzusehen, welches Glück uns lächeln würde. Aber nicht ein einziges Kaninchen war zu sehen; die aufgestellten Schlingen waren noch genau so, wie wir sie verlassen hatten. Jim kontrollierte Pulver und Munition und stellte fest, daß wir, bevor wir einen Schuß abfeuern, ziemlich sicher sein müßten, daß wir treffen, wenn wir irgendein Waldhuhn aufscheuchen. Wir konnten es uns nicht leisten, auch nur einen einzigen Schuß zu verschwenden. An jenem Tag erlegten wir nichts; am nächsten Tag die gleiche Geschichte und auch am übernächsten Tag. Wir sahen Spuren von Waldhühnern im

Schnee, einen der Vögel selbst aber nie; sie waren durch unsere Ankunft verscheucht worden. Die Lage sah ziemlich trüb aus, kann ich euch versichern. Der Proviant war schließlich erschöpft, und wir hatten einen ganzen Tag und eine ganze Nacht lang nichts zu essen. Dann, eines Morgens, weckte uns Jim mit einem Freudenschrei auf. Der See war über Nacht zugefroren. Anstatt in einzelnen Schollen umherzutreiben, war das Eis, so weit das Auge reichte, zusammengebacken. Wir rüsteten zum Aufbruch, sammelten unsere Fallen ein, banden uns unsere Schneeschuhe unter die Stiefel und machten uns, unsere Schwäche und unseren Hunger vergessend, wieder auf den Weg. Doch – oh, wir Armen! Wir waren noch nicht weit gekommen, als wir entdeckten, daß der See nur stellenweise zugefroren war. Dort wo das Eis auseinander getrieben war und breite Streifen von offenem Wasser hinterlassen hatte, hatte sich nur eine dünne Schicht von trügerischem Obereis gebildet. Es knackte und krachte unter unseren Füßen, brach und gab nach, als wir versuchten es zu überqueren.

›Es hat keinen Zweck‹, meinte Jim schließlich. ›Laßt uns wieder umkehren, bevor die Sonne vollends warm wird.‹

Wir waren drei ziemlich bedrückte Gestalten, kann ich euch sagen, als wir uns mühsam und vorsichtig über die Eisblöcke wieder zurücktasteten, die vom Ufer her so solide aussahen. Unsere Stimmung sank bis in die Stiefel hinab, der Hunger und die Geschwächtheit wurden immer schlimmer. Michel legte sich bäuchlings auf sein Tannenlager und sagte kein Wort. Jims Hund hatte gebettelt und gebettelt, bis er es schließlich als aussichtslos aufgegeben hatte, und nun hockte er sich in den Schnee, hob seine Nase in die Luft und stieß ein einziges verzweifelndes Heulen aus. Ich sah ihn mir an. Er hat verdammt wenig zu fressen bekommen, seit er hierher gekommen war. Ganz wie wir hatte er seit zwei Tagen nichts zwischen die Rippen bekommen.

›Er ist verdammt mager‹, meinte ich zu Tim.

›Ja, mein armer Kerl; komm mal her, Twink‹, rief er, streckte die Hand aus, zog das Vieh zu sich heran und wiegte es in seinen Armen, wie man einen Säugling wiegt.

›Er hat nicht mehr viel Fleisch an seinen Knochen‹, bemerkte ich noch einmal.

›Nein, nicht mehr als du an deinen, Tom‹, sagt er ganz ruhig.

›Das schon‹, sage ich, ›aber ein Mensch ist ein Mensch und ein Hund ist ein Hund.‹

Jim hat mich, versteht ihr, sofort verstanden.

›Ja, natürlich‹, entgegnet er scharf wie sonst was, ›und der Hund ist sogar etwas so viel Besseres als der Mensch, daß ich vermute, er wäre nie auch nur auf den Gedanken gekommen dich zu fressen. Und doch könnte er dir ganz leicht die Kehle durchbeißen, während du dort im Schlaf liegst.‹

Ich schämte mich – bei Gott! – nicht wenig über mich selbst, und der Hund war tatsächlich menschlicher, als ich es war, denn er war ein kräftiger, starker Gesell und hätte sich in jeder beliebigen Nacht an meinem Blut stillen können, wenn er nur gewollt hätte.

An jenem Tag fingen wir in einer der Schlingen ein Kaninchen, und so hungrig wir auch waren, bekam auch

Twink seinen Teil ab. Dann kam ein Kälteeinbruch und wir hielten das Feuer bei Nacht und bei Tage am Lodern und zu unsrer Freude sahen wir, wie die Seen wieder zufroren. Wenn der kalte Wind nur ein paar Tage länger anhielt, würde das Eis sicher genug sein, um es zu überqueren, und wir könnten unser Ziel erreichen und wären gerettet. Der Frost hielt an, und in der dritten Nacht beschlossen wir, es noch einmal zu versuchen.

Unser Pulver und Blei waren restlos aufgebraucht, in den letzten zwei Tagen hatten wir nichts zu uns genommen außer einer Art Tee aus gekochtem abgestorbenem Laub, und nun, als wir uns gerade entschlossen, es noch einmal zu versuchen, gab Michel, das Halbblut, vollends auf. Er erhob sich von seinem Tannenbett, geriet jedoch ins Straucheln und fiel, außerstande sich auf den Beinen zu halten, zurück. Wir beschlossen, ohne ihn aufzubrechen und ihm, sobald wir das Indianerdorf erreicht hatten, Nahrung und Hilfe zu schicken. Wir restlichen zwei fühlten uns ebenfalls ziemlich schwankend auf den Beinen. Jim so mager wie ein Wolf, und ich sah, so vermute ich, fast ebenso schlecht aus. Ich weiß zumindest, daß ich mich ziemlich schlecht fühlte. Wir brachen jedoch auf, Jim, ich und Twinkle, Twinkle immer dicht an Jims Seite. Das Eis trug etwa eine Meile weit recht gut, und die Hoffnung hielt unsere Stimmung hoch, aber auf einmal blieb Jim stehen, hielt die Hand schirmend über die Augen und starrte angestrengt voraus in die Ferne. Wie ich ihn so sah – und ebenfalls Ausschau hielt –, konnte ich nur noch ausrufen: ›Gott steh uns bei!‹

Dort dehnte sich, einige Meilen weit entfernt, ein blauer, glänzender Streifen, der scharf durch das Weiß des Eises schnitt, und das bedeutete Wasser – einen viele Meilen langen Gürtel klaren Wassers.

›Wasser, Tom‹, sagt er.

›Ja‹, sage ich, und ohne ein weiteres Wort kehrten wir, erschöpft, entmutigt und kaum fähig, auch nur zu kriechen, von neuem um.

Als wir wieder die Portage erreichten, lag Michel noch so da, wie wir ihn verlassen hatten, und Jim warf sich mit dem Gesicht nach unten und einem Arm um den Nacken des Hundes auf sein Bett. Ich ging nach draußen und hielt Ausschau nach Kaninchen, aber es war keines zu sehen. Die Sonne schien heiß und kräftig, überall taute der Schnee, in ein paar Stunden begann das Eis sich wieder zu bewegen und in losgelösten Schollen dahinzutreiben. Eine leichte, warme Brise war aufgekommen, und wenn wir nicht so rasch wieder umgekehrt wären, lägen wir nun auf dem Grund des Crooked Pine Lake. Aber ich hatte nicht den Mut, wieder ins Lager zurückzukehren – der Anblick dieser beiden mächtigen Kerle, die dort zu Tode erschöpft darniederlagen, ließ in mir die Lust aufkommen, ebenfalls aufzugeben; ich mußte einfach etwas zu essen auftreiben oder – krepieren.

Und was soll ich sagen: Ich fand etwas. Ich stieß auf die Fährte eines Waldhuhns und folgte ihr bis zu einem Busch in eine Dickung in einiger Entfernung. Ich wollte dieses Waldhuhn erwischen oder bei diesem Versuch sterben. Ich hatte kein Gewehr, aber ich konnte es mit einem guten harten Schneeball erlegen, sobald ich es aufgejagt hatte, und an den Trittsiegeln im Schnee hatte ich erkannt, daß es nicht weit entfernt war. Also steckte ich mir etwas Schnee in den Mund, lutschte ihn zu mehreren eisharten Bällen und schlich mich um die Dickung herum – immer wieder, bald nach dieser, bald nach jener Seite des Gebüschs – bis ich plötzlich die Hände in die Höhe warf und mich vor lauter Freude schier der Schlag traf.«

»Sie haben das Waldhuhn entdeckt?« rief Kate freudig erregt.

»Das Waldhuhn? Nein – etwas noch Besseres – ich fand ein Kanu. Seht ihr, die Sache war nämlich so: Wenn im Herbst der Frost einsetzt und ein Indianer oder Weißer irgendwo mit seinem Kanu landet, dann baut er sich ein *cache*, ein Versteck; das ist eine Art kleines Vordach, errichtet aus schräg an einen Baum gestützten Knüppeln, über die viele Schichten aus Rottannenzweigen und allem möglichen anderen in der Nähe herumliegendem Geäst gedeckt werden. Über das Ganze fällt dicht und tief der Schnee und gefriert, und in diesem Unterstand liegt das Kanu sicher und geschützt bis zum nächsten Frühling.

Als ich bei der Jagd nach dem Waldhuhn also auf dieses *cache* stieß, wusste ich, daß sich darin ein Kanu befand und daß wir gerettet waren. Ihr werdet kaum glauben, was ich euch erzähle, aber als ich zu der Portage zurückkam und Jim die Sache erzählte, war die Art, wie der Indianer aufsprang, der schlagende Beweis. Er stand auf, taumelte noch ein wenig, doch dann hättet ihr sehen sollen, wie wir alle drei uns im Gänsemarsch auf den Weg zu diesem Kanu machten.«

»Gott sei Dank wurdet ihr gerettet«, stammelte Kate, und Tom bemerkte, daß ihre Augen naß waren.

»Oh! Halt – so wartet doch! Wir waren noch keineswegs aus all unseren Sorgen heraus. Zunächst einmal waren wir sehr entkräftet, und obwohl wir nur Laub gekocht und diesen Tee getrunken hatten, konnten wir nun nichts anderes tun, als alle der Reihe nach zu paddeln. Wie ich euch sagte, war diese Brise aufgekommen, für die wir sehr dankbar waren, denn wir sahen, wie sie das Wasser frei machte, doch wir hatten so schwer damit zu schaffen, den Eisschollen auszuweichen, daß wir scheinbar kaum vorwärts kamen. Dann wurde es Nacht, und obwohl der Wind mit dem Untergang der Sonne ein wenig nachließ, war er immer noch so stark, daß das Eis nur so schlingerte und tanzte. Viele Sterne standen am Himmel, aber kein Mond, und so hockten wir in diesem zerbrechlichen Kanu, steuerten hierhin und dorthin in Richtung der freien Stellen und versuchten bei Gott nach Kräften, nicht zerquetscht und in Stükke gerissen zu werden. Wie froh waren wir, als der Tag anbrach und wir sahen, daß wir geradliniger gepaddelt hatten, als wir dachten, und daß wir in einer oder zwei Stunden bei dem Indianerreservat landen würden. Michel hatte ein weiteres Mal aufgegeben – denn ein Halbblut besitzt nicht halb so viel Ausdauer wie ein gesunder weißer Mann –, und als wir das Ufer erreichten, mußten die Indianer ihn aus dem Kanu heben und in einen Wigwam tragen, wo sie ihn zwei Wochen lang ärztlich pflegen mußten, bevor er wieder bei Kräften war. Wir selbst hatten jedoch wahrlich keinen Grund zu prahlen, denn sowohl Jim als auch ich und der Hund lagen drei Tage darnieder; und als wir wieder auf unseren Beinen stehen konnten, hätte man nicht unterscheiden können, wer von uns beiden mehr geschwächt war. Aber die ganze Zeit, während Jim dort so dalag, wich dieser treue Gefährte Twinkle nie von seiner Seite, und die Hälfte der Zeit lag er mit der Schnauze quer über Jims Brust. Er besitzt diesen alten Hund noch immer.«

»Er besitzt ihn noch immer!« wiederholte Kate bedächtig. »Er scheint ihn wirklich sehr zu lieben.«

»Lieben ist überhaupt kein Ausdruck dafür. Er sagt, das sei das einzige, was er mir nie verzeihen kann – daß ich seinen Hund verspeisen wollte, als es uns damals am Crooked Pine Lake so hart erging.«

Tom fühlte sich wie im siebten Himmel, als er Miss Wyn an jenem Abend nach Hause begleiten durfte. Während er mit ihr unter einem Regenschirm dahinspazierte, hatte er das Gefühl, daß er nicht vergebens ein Held gewesen war. Sie schien nicht müde zu werden, ihn auszufragen über das Leben, das sie dort draußen in den rauhen nördlichen Niederlassungen der Hudson Bay Company geführt hatten. Die Geschichte von Jim und seinem Hund interessierte sie unendlich.

»Ist Mr Mackenzie verheiratet?« fragte sie, als er am nächsten Tag bei ihr vorsprach.

»Mackenzie verheiratet? Was für ein Gedanke! O nein! Während all der Zeit, die ich mit ihm verbracht hatte, hatte ich nie erlebt, daß er Mädchen den Hof gemacht hätte wie die anderen Kerle. Nie und nimmer! Ihm gebe man seine Pfeife und sein Buch – die Mädchen mögen sich ruhig die anderen nehmen. Das ist Jim, wie er leibt und lebt.«

»Würden Sie meinen, er könnte eines Tages Lust haben, wieder in das Land seiner Herkunft zurückzukehren, wie Sie es getan haben, Mr Milne?«

»Ja, so könnten Sie denken; aber er scheint nicht zu wollen. Ich habe ihn einmal gefragt, ob er nicht daran dächte, wieder in sein altes Schottland zurückzukehren, aber er sagte Nein; er sagte, er hätte nichts, weshalb er zurückkommen sollte, und hatte also keine Sehnsucht danach.«

Kate verfiel ein paar Minuten lang in Schweigen; doch nun nahm sie sich mit einiger Mühe vor, ihren Gast zu unterhalten. Sie zeigte sich von so angenehmer Art, daß Tom wiederkam; nicht ein Mal, sondern viele Male, wobei er immer scheuer und zurückhaltender wurde, je weiter der Frühling fortschritt und die Zeit für seine Rückkehr nach Kanada näher rückte. Die Wahrheit muß gestanden werden – Tom war verliebt; zwar nicht zum ersten Mal, das ist wahr, aber dennoch sehr aufrichtig und mit feierlichem Ernst. Er hatte eine oder zwei *affaires de cœur* mit Mädchen erlebt, mit jungen, strahlenden, lachenden Mädchen, deren Lächeln ihn vorübergehend bis zum Wahnsinn glücklich, deren Stirnrunzeln ihn aber, verbunden mit romantischen Visionen von Selbstmord und ähnlichen Dingen, in tiefste Verzweiflung gestürzt hatte. Aus all diesen Erfahrungen war er jedoch stets wieder mit der richtigen Seite nach oben und so gut wie unbeschadet aufgetaucht.

Dies war jedoch eine andere, eine ernsthaftere Affäre. Dies war kein leichthin lächelndes Mädchen, sondern eine zartfühlende und weibliche Frau, stark und voller Selbstvertrauen; und zudem mit jenem Etwas in ihr, was irgendwie auch andere zu Stärke und Selbstvertrauen anregte.

Tom stellte fest, daß er ihr seine gesamte Lebensgeschichte, seine Pläne, seine Aussichten für die Zukunft anvertraute; und diese Freundschaft war ihm etwas so Wohlvertrautes geworden, daß der Gedanke, sie würde bald ein Ende nehmen und ihn wieder dort zurücklassen, wo er sich befand, als er aus Kanada zurückkam, ganz und gar nicht angenehm war. Nachdem er sie kennengelernt hatte, konnte er nicht mehr der gleiche sein wie zuvor; seit er ihre Konversation und Gesellschaft genoß, hatte er sich gewandelt, war sanfter und zartfühlender geworden. In seiner tiefsten Seele erkannte er, daß er sie liebte, wie er niemals eine andere Frau lieben könnte. Aber wie stand es mit ihr? Dies war das Problem, das er nicht um alles in der Welt zu lösen vermochte. Denn sie war stets so aufrichtig freundlich, so rücksichtsvoll, so zartfühlend. Aber so war sie allen gegenüber.

In seiner Ratlosigkeit vertraute er seinen Fall seiner Schwägerin an, und die versicherte ihm, daß die einzige Möglichkeit, um herauszufinden, ob er irgendwelche Chancen hatte, darin bestand, Kate selbst zu fragen. Oder erwartete er etwa, daß sie sich ihm von selbst anbieten würde? Oh, diese Männer!

Solcherart erkühnt, machte sich Tom eines Abends auf, sein Schicksal auf die Probe zu stellen, und dabei traf es sich, daß Miss Wyn ihm bereits in der Tür begegnete. Sie war zum Ausgehen gekleidet, kehrte mit ihm aber wieder um. Tom protestierte, aber sie erklärte, daß sie sich nur aus schierer Langeweile zum Ausgehen angekleidet hatte. Sie war so glücklich, daß er gekommen war. Sie hängte ihren Hut und Mantel im Vorbeigehen wieder in die Garderobe, erlöste ihn sofort von aller Verlegenheit und erfüllte seine Seele mit Freude.

»Wissen Sie, Mr Milne, wenn Sie bis heute abend nicht vorbeigekommen wären, hätte ich Ihnen morgen früh eine Nachricht geschickt. Seit Sie uns diese Geschichte von dem See mit dem indianischen Namen erzählten, zögere und überlege ich, ob ich einen bestimmten Schritt tun soll oder nicht. Doch nun bin ich in dieser Sache zu einem Entschluß gekommen.«

Hierbei huschte eine sanfte Röte über ihr Gesicht, was den armen Tom nicht wenig betörte. Normalerweise neigte sie nicht zum Erröten, doch nun wurde sie in himmlischer Weise rot. Was würde sie ihm sogleich sagen? Es war ein Schaltjahr – das bringt Glück; konnte es möglich sein? Oh, wäre es doch möglich!

»Während dieser drei Monate waren wir sehr gute Freunde, Mr Milne, fast so etwas, was ihr Kanadier *chums* nennen würdet, nicht wahr?«

Dabei errötete sie aufs neue und Tom tat es ihr gleich, als er antwortete:

»Und ob wir das waren, und ich bin sicher, ich werde sehr traurig sein, wenn ich abreise. Heute hatte ich sogar vor ...«

Tom hielt inne, hatte das Gefühl, nicht richtig begonnen zu haben.

»Und ich bin sicher, Sie würden mir einen Gefallen erweisen, eine ganz besondere Gefälligkeit, wenn es in Ihrer Macht stünde«, fuhr Kate fort.

»Und ob! Machen Sie nur die Probe aufs Exempel und

Sie werden schon sehen. Wie konnten Sie mir nur eine solche Frage stellen, wo Sie doch genau wissen ...«

Er war drauf und dran, zu sagen, »daß ich Sie liebe«, als Kate ihn leidenschaftlich unterbrach:

»Gut, dann will ich Ihnen vertrauen. Sie sind jetzt ebenso sehr sein Freund wie der meine. Mr Milne, hätten Sie die Güte, diesen Brief von mir an Mr Mackenzie – oder Jim, wie Sie ihn nennen – zu überbringen?« Bei diesen Worten zog sie einen Brief aus ihrer Tasche, adressiert an *James Mackenzie, Esqu. Care of Hudson's Bay Company, North West Territory, Canada.*

Die Augen weiter auf den Brief senkend, erklärte sie:

»Mr Mackenzie und ich waren einmal verlobt und wollten heiraten, und ich liebte ihn so sehr, wie er mich geliebt hat, aber ich war jung und unbesonnen und war eifersüchtig – eifersüchtig, wie ich jetzt weiß, ohne Grund. Wir hatten Streit und trennten uns. Er ging nach Kanada, schrieb aber in einer Nachricht an mich, daß er, wenn ich ihm schreiben würde und ihn bäte zurückzukommen, sofort kommen würde. In diesem Brief hier bitte ich ihn zurückzukommen. Ich war im Unrecht, er war im Recht. Wenn ich gewußt hätte, wohin ich ihm schreiben soll, hätte ich ihm bereits vor Jahren geschrieben. Ich habe ihm Twinkle geschenkt, als er noch ein kleiner Welpe war. Bis ich Ihre Geschichte hörte, wußte ich nicht, daß er den Hund überhaupt mitgenommen hat. Sie mögen selbst urteilen, was ich fühlte, als Sie mir von ihm erzählten. Werden Sie ihm nun diesen Brief von mir überbringen?«

Toms Augen waren auf den Brief gebannt, den sie in ihrer Hand hielt. Er antwortete nicht sofort; er nickte zunächst nur stumm und räusperte sich. Und doch war sie mit diesem Nicken sehr zufrieden. Sie begriff, daß ihm ihre Liebesgeschichte nahe ging. Und das tat sie auch – und zwar zutiefst.

Er zückte ein Notizbuch, steckte den Brief sorgsam in ein Innenfach und erhob sich schließlich, wiederum gehemmt und erst nach mehreren Anläufen. Sie machte ein nicht wenig überraschtes Gesicht, als er seine Uhr aus der Tasche zog und ganz ruhig sagte:

»Ich muß Sie bitten, mich für diesen Abend zu entschuldigen – ich hatte völlig vergessen: Ich habe eine Verabredung. Um acht Uhr muß ich John treffen.«

Dies war natürlich eine unumwundene Ausrede, aber – ach, der arme Tom.

Kate Wyn dachte, sie hätte sich sonderbar benommen – sehr sonderbar sogar; aber wie konnte sie das wissen? Sie stand vor einem noch größeren Rätsel, als sie erfuhr, daß er am darauffolgenden Morgen ohne Ankündigung abgereist war.

Einmal ging ihr aber doch der Schimmer eines Lichts auf, als Mrs Milne sie in einem freundlich vorwurfsvollen Ton fragte, weshalb sie Tom so abrupt sein *congé* gegeben habe.

»Ich! Sie müssen wohl träumen, Mrs Milne. Tom hatte mir nie auch nur ein einziges Wort gesagt.«

»Das hat er nicht?«

»Nein, hat er nicht, das versichere ich Ihnen hoch und heilig.«

Aber Mrs Milne war nicht die einzige, die schwer darüber rätselte, denn Kate selbst ging mit sich zu Rate über den Brief, den sie Tom zur Übermittlung anvertraut hatte. Aber nun hatte ihr allmählich die Wahrheit gedämmert und sie nahm im Lichte vieler kleiner Erinnerungen an Toms Worte und Gesten immer deutlichere Züge an, bis sie sie schließlich begriff.

»Wenn ich das gewußt hätte, dann hätte ich ihm diesen Brief unmöglich geben können«, sagte sie sich. »Aber wie dem auch sei, nun ist es zu spät.«

Es war in der Tat zu spät. Denn Tom befand sich längst auf hoher See, weit draußen im Atlantik, und machte, so gut es ging, gute Miene zum bösen Spiel; und noch bevor der neue Mond einen Monat alt war, hatte der Brief seine Bestimmung erreicht, und die Hudson Bay Company hatte ihrem geschätzten Angestellten den üblichen einjährigen Urlaub gewährt, um, wie sie es nannten, das Land seiner Herkunft zu besuchen. Als er am Mavis Bank Quay angekommen war, war Twinkle der erste, der an Land sprang.

Elizabeth von Arnim
Weihnachten in einem bayerischen Dorf

Als ich in der Dämmerung eines taubengrauen Nachmittags aus dem Zug stieg, kam mir meine Tochter auf dem Bahnsteig entgegengerannt, und neben ihr rannte ein junger Mann in kurzen Lederhosen und mit nackten Knien, und da es schon stark dunkelte und mir dieser Aufzug vertraut war, dachte ich, es sei ihr Ehemann. Deshalb begrüßte ich ihn entsprechend überschwenglich, nahm seine Hände in die meinen und rief: »Wie reizend von dir, bei dieser Kälte aus dem Haus zu gehen!«

Zum Glück kam es zwischen meinem Schwiegersohn und mir nicht zum Begrüßungskuß, doch abgesehen davon, war alles eitel Freude und Entzücken, wozu natürlich auch das vertrauliche »Du« gehörte. Meine Tochter zupfte mich am Arm. »Das ist der Taxifahrer«, flüsterte sie und kämpfte gegen ihr Gekicher an.

Ich muß sagen, der junge Mann ließ mein Benehmen mit Würde über sich ergehen. Vielleicht dachte er, alle Fremden machten das so, wenn sie auf Bahnhöfen ankämen, und die Engländer seien in Wirklichkeit gar nicht so unterkühlt, sondern ein recht feuriger Menschenschlag.

Etwas kleinlaut geworden, wurde ich aus dem Bahnhof in eine Welt von Christbäumen geführt. Vor den meisten Häusern stand ein Baum mit elektrischer Beleuchtung, und in der Mitte der einzigen breiten Straße erhob sich eine riesengroße Tanne, eine wahre Pyramide festlichen Glanzes.

Ich hatte das Gefühl, in eine Weihnachtskarte hineinspaziert zu sein: glitzernder Schnee, alte Häuser mit steilen Dächern, und auch die völlige Windstille einer Weihnachtskarte herrschte hier. Seit 1909 hatte ich keine deutsche Weihnacht mehr erlebt, die letzte in einer ganzen Kette solcher Feste, und wenn man bedenkt, daß 1909 schon so lange zurückliegt und seither viele Dinge geschehen sind, war es eigenartig, wie sehr ich mich heimisch fühlte, wie vertraut mir alles erschien und wie leicht dies, wäre die richtige Reihenfolge eingehalten worden, Weihnachten 1910 hätte sein können.

Auf der Eingangsstufe des kleinen Hauses inmitten von verschneiten Feldern und umgeben von steil aufragenden Bergen stand, überströmend von Willkommensfreude, mein echter Schwiegersohn. Er war genauso gekleidet wie der Taxifahrer, mit kurzer Lederhose und einem bestickten Hemd. Wie also konnte man von jemandem erwarten zu wissen, wer wer war? Daher schaute ich ihn mir genau an, ehe ich diesmal zu Herzlichkeiten überging. »Wie reizend von dir«, sagte ich, als ich mir ganz sicher war, »bei dieser Kälte aus dem Haus zu gehen!« Denn ich habe nicht viele deutsche Sätze auf Lager, und so muß einer mehrmals herhalten.

Nicht nur er kam mir auf der Eingangsstufe entgegen, sondern auch viele köstliche Düfte empfingen mich, sehr wohltuend für eine Hungrige, darunter solche von Lebkuchen, Leberwurst und Kraut, Gänsebraten und der ernstere Geruch – ernster, weil er auch Beerdigungen begleitet und Grabstätten umgibt –, der Geruch des Tannenbaums, der fertig geschmückt im Wohnzimmer stand.

Es war der Abend vor Weihnachten, der Tag, den die Deutschen als Heiligen Abend feiern; und während ich im ersten Stock meine Sachen ablegte, wurden die Kerzen am Baum angezündet, so daß, als ich herunterkam, der ganze Haushalt, bestehend aus Vater, Mutter, Töchterchen, drei Dienstmädchen mit weißen Häubchen und weißen Baumwollhandschuhen sowie zwei Scotchterriern, in der Diele vor der verschlossenen Tür des geheimnisvollen Zimmers auf mich wartete. Zu den Klängen von *Stille Nacht, heilige Nacht* marschierten wir in der Reihenfolge unseres Alters hinein, wobei die Jüngste den Anfang machte, und die Köchin hinter mir das Schlußlicht bildete. Da seit geraumer Zeit jedermann jünger zu sein scheint als ich, war ich richtig froh über die Köchin.

Ich wußte genau, was mich im Inneren des Zimmers erwarten würde, denn hatte ich nicht jahrelang selbst solche Räume mit ihren Bäumen und Geschenktischen vorbereitet? Da standen die Tische in der gewohnten Anordnung, für jeden einer, und auf ihnen stapelten sich hübsch eingewickelte Päckchen mit silbrigen Bändern, dekoriert mit Zyklamen- und Azaleentöpfen zwischendrin, und dort erhob sich der Baum mit der kleinen Krippe zu seinen Füßen, und Marzipanschafe scharten sich um die aus Schokolade bestehenden Heiligen Drei Könige.

Wir standen im Halbkreis, die Blicke fest auf den Baum gerichtet, damit sie ja nicht zu den Tischen schweiften, denn das hätte von schlechten Manieren gezeugt, und während wir, begleitet von den Klängen des Grammophons, eifrig *Stille Nacht* sangen, verspeisten die

Scotchterrier, die keine Manieren hatten, vor unseren entsetzten Augen ein Marzipanschaf nach dem anderen, bis keines mehr übrig war. Wegen des Weihnachtsbrauchs konnten wir nichts tun, als steif dazustehen und zu singen. Tradition und Schicklichkeit ließen uns wie angewurzelt verharren. Glücklicherweise gab es nur zwei Strophen, so daß die Weisen aus dem Morgenland gerade noch rechtzeitig gerettet wurden, und ich dachte bei mir, nur Deutsche können so diszipliniert sein und sich, geschult durch viel Übung, den Anschein geben, in die heiligen Worte vertieft zu sein, während sie gewiß innerlich kochen.

Doch wegen des unmanierlichen Betragens der Scotchterrier verzögerte sich die Bescherung. Sie mußten zur Vernunft gebracht und aus dem Zimmer verbannt werden, ehe wir unsere Aufmerksamkeit den Geschenken zuwenden konnten. Die Hunde machten sich gar nichts daraus, daß sie in Ungnade gefallen waren. Die Schafe hatten sie ja sicher in ihren Bäuchen verwahrt, und ich hätte schwören können, daß sie lachten, als man sie hinausführte.

Etwas kleinlaut – nun schon zum zweiten Mal seit meiner Ankunft –, denn es schien betrüblich für die Familie, so viele Schafe zu verlieren, die man, wie ich wußte, meinetwegen erst diese Weihnachten neu angeschafft hatte und die mindestens an weiteren fünf Weihnachten unterm Christbaum hätten stehen sollen, begann ich, meine Päckchen auszuwickeln, und bald gerieten wir alle wieder in richtige Weihnachtsstimmung. Von jedem Tisch kamen Schreie der Begeisterung und Freude. Von jedem Tisch kam dauernd jemand gelaufen, um sich zu bedanken und einen zu umarmen, oder zu danken und einem die Hand zu küssen. Sogar die Köchin und ich, die *doyennes* der Feier, waren nahe daran, uns um den Hals zu fallen. Zum Glück mußte sie sich schon bald in die Küche zurückziehen, um letzte Hand an die Gans anzulegen, sonst weiß ich nicht, ob wir uns schließlich nicht doch noch in den Armen gelegen hätten.

Durch zerrissenes Geschenkpapier und silbrige Bänder watend, begaben wir uns zu Tisch, tranken, hielten kleine Ansprachen und waren fröhlich. Nach dem Essen wateten wir wieder zurück und waren nicht mehr ganz so fröhlich, und nachdem wir Baumkuchen genascht und heißen Glühwein getrunken hatten, waren wir so gut wie überhaupt nicht mehr fröhlich, weil wir am liebsten schlafen gegangen wären, dies aber aus Gründen der Tradition und Schicklichkeit nicht tun konnten.

»Man kann sich eigentlich nicht vorstellen«, sagte ich, indem ich mich von der Benommenheit zu befreien versuchte, die auf mir lastete, »daß dieses heutige Deutschland so gar nicht anders ist als das Deutschland, das ich kannte.«

»Oh, aber es ist ...«, begann meine Tochter, um sofort von ihrem Ehemann mit einem schnellen »Sei vorsichtig –« unterbrochen zu werden, denn die Dienstmädchen waren ins Zimmer gekommen. Davon wurde ich sofort wieder hellwach. Sei vorsichtig ... Aber wovor denn?

Etwas kleinlaut, nun zum dritten Mal, ließ ich mich in meinen Pelzmantel stecken und zur Mitternachtsmesse fahren. Eine glitzernde Nacht. Eine Nacht voll Frieden und Schönheit. Die Glocken der alten Kirche auf dem Hügel läuteten, und Ströme von schwarzen Gestalten – Ströme, stellte ich mit Erstaunen fest – strebten im frommen Schweigen zu ihr hinauf! Drunten auf der Straße stand strahlend der riesige Christbaum. Auf jedem Grab im Friedhof brannte ein winzig kleiner, und alle zusammen erleuchteten den gesamten Ort mit Symbolen der Erinnerung und Liebe. Und drinnen in der Kirche, so dicht zusammengedrängt, daß wir kaum hindurchkamen, war eine Menschenmenge so andächtig versammelt, so auf den Gottesdienst konzentriert, so versunken in die Schönheit des Gesangs von (abermals) *Stille Nacht*, daß ich, die ich meine *Times* lese und weiß, was mit den Kirchen in Deutschland geschieht, meinen Augen nicht traute.

»Aber ...«, begann ich, wie ich so am Arm meines Schwiegersohnes hing.

»Sei vorsichtig«, flüsterte er schnell und umfaßte meine Hand.

Sei vorsichtig. Schon wieder. Muß man hier also ständig auf der Hut sein? Und was hatte ich denn schließlich gesagt, außer »aber«?

Peter Paul Althaus
Dr. Enzians Hundewelt

Alle Leute, die vor Weihnachten an ihre Hunde denken,
wollen ihrem Liebling ganz bestimmt zum Feste
etwas schenken.
Nun – die Leute, welche einen Hund sich halten,
können ungefähr in vierzehn Tagen ein Journal entfalten,
dessen Probenummer ihnen frei ins Haus wird
zugestellt –
und das ist die Zeitschrift:
›Dr. Enzians Mondäne Hundewelt‹.
All die Hundehalter werden staunen, wenn sie in
das Blatt geguckt,
weil die Seiten dieser Zeitschrift blütenweiß sind
(nämlich unbedruckt).
»Aber« (heißt es im Begleitbrief)
»geben Sie die Zeitung Ihrem Hunderl, dann erleben
Sie Ihr blaues Wunderl!«

Dr. Enzians ›Mondäne Illustrierte Hundewelt‹
ist von A bis Z ganz auf Geruch gestellt.

Alles das, was Hunde angeht (im besonderen und
allgemeinen)
wird in Viergeruchdruck, gänzlich ohne Text,
erscheinen;
u. a. fesselnde Laternenpfahlromane, Straßenecken-
kurznovellen undsoweiter. Dackel, Hühnerhunde,
Pudel werden schon die ganze Woche ihre Ohren stellen,

so gespannt erwarten sie die nächste Folge
des Laternenpfahlromans
in der Hundezeitschrift Dr. Enzians.

Machen Sie zu Weihnacht Ihrem Hund die kleine Freude
mit der Abonnierung dieser schönen Nasenweide.

Möglich, daß es bis zum nächsten Mai läßt
sich erreichen, daß die Zeitung
auch auf Englisch zu erhalten ist, als ›Smellers Digest‹;
doch auf alle Fälle:
Eine große ›Hundstag-Sondernummer‹ soll
für den Sommer vorbereitet werden. (Sagte Anatoll,
der mit diesem nom de guerre
an der Zeitung wirken wird als Umbruch-Redakteur.)

David Henry Wilson
Superhunds Weihnachtsgeschenk

Menschen sind komische Tiere. Wie komisch, das will ich euch an einem Beispiel erzählen, einem sehr merkwürdigen Fall von menschlichem Benehmen. Der Fall heißt Weihnachten. Es handelt sich um einen einzigen Tag, der nur einmal im Jahr vorkommt, und egal, wie man sich fühlt, jeder hat an diesem Tag glücklich zu sein. Es kann sein, daß der Wind wie ein Rudel Wölfe heult und man vielleicht nicht weiß, wo das nächste Stück Hundekuchen herkommen soll – das macht alles überhaupt nichts. Wenn Weihnachten ist, hat man einfach glücklich zu sein.

Ich lebe schon eine ganze Zeit bei den Browns, aber ich erinnere mich noch gut an mein erstes Weihnachten bei ihnen. Ich war damals noch ein ganz kleiner Hund und so dumm zu glauben, daß die Dinge immer so sind, wie sie aussehen.

Die Familie hatte schon seit Wochen von Weihnachten geredet, und obwohl ich damals noch weniger über Weihnachten wußte als heute, sagte mir mein fabelhaftes Gehirn, daß es etwas sehr Angenehmes sein müßte. Tony und Tina, die beiden Brown-Kinder, waren besonders aufgeregt und redeten andauernd darüber, was sie wohl für Geschenke kriegen würden.

Ein paar Tage vor Weihnachten schleppten Mr. und Mrs. Brown einen stacheligen grünen Baum ins Wohnzimmer. Zuerst dachte ich, der wäre für mich, denn draußen war es sehr kalt geworden. Als ich aber an den Baum ging und gerade ein Bein heben wollte, erklärten sie mir energisch, daß dieser Baum nicht *dafür* da sei, und schubsten mich aus dem Zimmer.

Als nächstes wurde der Baum geschmückt und dann das Wohnzimmer. Die Kinder halfen Mr. und Mrs. Brown, Buntpapier und Christbaumkugeln an die Zweige zu hängen, und ich versuchte mitzuhelfen, bis mir so eine Christbaumkugel im Hals steckenblieb. Sie mußten mich wegtragen, damit ich sie wieder rauswürgen konnte. Ihr müßt bedenken, daß ich damals noch sehr klein war, und selbst ein Superhirn kann nicht alles wissen, es muß erst Erfahrungen sammeln. Heute halte ich mich in gebührender Entfernung, wenn irgendwo etwas geschmückt wird. Es sind nicht nur die Christbaumkugeln, denen man aus dem Weg gehen muß, es sind auch Hämmer, die einem auf den Kopf fallen, Füße, die über einen stolpern, oder eine Leiter, gegen die man rennt, wenn Mr. Brown gerade oben steht.

Der Weihnachtsbaum wurde also geschmückt. Ich war gerade die Christbaumkugel losgeworden, als Tina eine sehr wichtige Frage stellte.

»Was schenken wir eigentlich Wuffi zu Weihnachten?« fragte sie.

Bis zu dem Augenblick war mir Weihnachten ziemlich schnuppe, aber jetzt war ich plötzlich hellwach.

»Ach ja«, sagte Mr. Brown, »an Wuffi haben wir noch gar nicht gedacht!«

Er hatte wahrscheinlich nicht an Wuffi gedacht. *Ich* denke die ganze Zeit an Wuffi.

»Vielleicht«, sagte Mr. Brown, »vielleicht bau ich ihm den Zwinger, den ich schon längst bauen wollte. Obwohl das eine Menge Arbeit ist. Vielleicht laß ich es auch. Ich weiß noch nicht. Was meinst du, Liebling?«

»Ich hab auch noch nicht an Wuffi gedacht«, sagte Mrs. Brown. »Aber es wird mir schon noch was einfallen.«

»Siehst du, Wuffi«, sagte Tina und drückte mich fest an sich, »du kriegst auch was zu Weihnachten!«

Und da rannte ich laut bellend und aufgeregt durchs Wohnzimmer, bis ich zufällig gegen einen Teetisch stieß, der unter einer Blumenvase stand, die voll Wasser war, das mich ganz naß machte und den Teppich auch, als die Vase krachend umfiel. Mr. Brown war nicht gerade entzückt.

Den ganzen nächsten Tag überlegte ich, was ich wohl zu Weihnachten kriegen würde. Ich hörte bei jeder Unterhaltung zu, paßte auf, wenn Mrs. Brown ihre Einkaufstasche leerte, schnupperte an jedem Päckchen, das unter den Weihnachtsbaum gelegt wurde – aber nichts hörte sich an, sah aus oder roch wie ein Geschenk für Wuffi. Ich dachte manchmal sogar, womöglich haben sie mich vergessen, aber dann hörte ich, wie Tony Mrs. Brown fragte, ob sie etwas für mich gekauft habe. Die Ohren hüpften mir fast vom Kopf.

»Ja«, sagte Mrs. Brown.

»Was denn?« fragte Tony.

Mir wurde abwechselnd heiß und kalt.

»Wirst du schon sehen«, sagte Mrs. Brown.

Und das war alles, was sie sagte. Die Spannung war unerträglich. Selbst ein gewöhnlicher Hund hätte sie kaum ausgehalten. Als junger, außerordentlich superintelligenter Hund konnte ich einfach nicht mehr an mich halten: Ich machte einen See auf den Teppich im Flur.

Danach ging ich in die Küche und tat so, als ob ich von nichts wüßte, aber irgendwie muß Mrs. Brown doch gedacht haben, daß es *mein* See war, und so kriegte ich den üblichen Klaps auf den Hintern. Woher wußte sie eigentlich so genau, daß es *mein* See war? Ich hab es immer als ungerecht empfunden, daß man mich automatisch für schuldig hält. Ich finde, es hätten ja auch die Kinder sein können, oder etwa nicht? Oder Mr. Brown ...

Jedenfalls kommt jetzt der Hauptteil meiner Geschichte, nämlich das, was sich an diesem Abend und am nächsten Morgen abspielte. Wie ihr euch vorstellen könnt, kriegte ich in dieser Nacht kein Auge zu; ich lag in meinem Korb und überlegte immerzu, was ich wohl geschenkt kriegen würde. Es war klar, daß es etwas anderes sein mußte als das, was ich sonst auch kriege – deshalb schieden Knochen, Fleischdosen, Hundekuchen und (so hoffte ich) Gebadetwerden und Anschnauzer von vornherein aus. Andererseits gab es nicht viel, was ich wirklich gern gehabt hätte – außer natürlich leckere Sachen zu fressen. So wurde mir allmählich immer deutlicher, daß mein Weihnachtsgeschenk eigentlich nur etwas Freßbares sein konnte. Die nächste Überlegung war, wo Mrs. Brown das Geschenk wohl versteckt haben könnte. Nun, für ein Hirn wie meins war das kein Problem. Wo versteckt man normalerweise Freßsachen? Natürlich in der Küche.

Ich schlich mich in die Küche. Im Mondschein machte ich die Speisekammertür auf und schnüffelte ein bißchen herum, aber es war nichts Besonderes zu erschnüffeln. Ich machte jeden Küchenschrank einzeln auf, und ich schaffte sogar, ein paar Schubfächer in den Schränken rauszuziehen. Aber da waren nur Töpfe und Tassen und Papiere und Pakete und Besen und Bürsten und Büchsen und Bestecke – lauter blöde, langweilige Sachen, die unmöglich ein Geschenk für einen Superhund oder auch einen gewöhnlichen Hund sein konnten.

Ich hatte schon fast aufgegeben, als ich am Backofen vorbeikam. Irgend etwas an diesem Backofen ließ mich stehenbleiben, schnuppern, die Nase in die Luft recken und noch mal schnuppern. In der Küche war ein ganz bestimmter Geruch, der sich von allen anderen Küchengerüchen deutlich unterschied – süßer, saftiger, irgendwie fleischiger. Das war genau der Geruch, der in einem Superhund das Bedürfnis weckte, die Backofentür aufzumachen. Und wie es der Zufall so wollte, fiel mir wieder ein, daß der Backofen-Türgriff ja vor ein paar Wochen abgebrochen war. Mrs. Brown hatte dauernd zu Mr. Brown gesagt, er solle den Griff festmachen, und Mr. Brown hatte dauernd gesagt, er würde es schon machen, machte es dann aber doch nicht, sondern befestigte einfach ein Stück Bindfaden. Ich hatte nicht die geringsten Schwierigkeiten, die Schnur mit meinen superscharfen Zähnen durchzubeißen. Flupp! Die Tür ging auf, fast ohne daß ich sie berührt hätte. Der Duft, der mir entgegenströmte! Wie kann ich ihn beschreiben? Es war ein Duft, der durch die Nase direkt ins Maul zieht, die Zähne kitzelt und die Zunge ... In meinem Leben habe ich noch nicht so einen Hunger gespürt.

Und wo kam dieser Duft her? Gebratener Truthahn. Ich konnte es nicht fassen. Ein gebratener Truthahn, groß und braun und so knackig-saftig, wie man ihn sich nur wünschen kann. Was für ein Weihnachtsgeschenk! Ich wäre am liebsten die Treppe raufgerast, rein ins Schlafzimmer und hätte Mrs. Brown tausend Küsse gegeben – aber ich tat es nicht. Weil da etwas war, das noch viel dringender war. Kein Hund, kein Lebewesen hätte diesem Geruch widerstehen können. Ich steckte meinen Kopf in den Backofen, packte einen Truthahnschenkel und zerrte den ganzen herrlichen Vogel heraus, runter auf den Küchenfußboden. Das Blech, auf dem er lag, schepperte gewaltig, und für eine Sekunde durchfuhr mich die Angst, es könnte jetzt jemand aufwachen. Aber das Haus blieb ruhig.

Ihr könntet jetzt sagen, daß ich lieber bis zum nächsten Tag hätte warten sollen, um mich richtig über mein Geschenk zu freuen, aber ihr dürft nicht vergessen, daß ich noch sehr jung war, und junge Hunde haben nicht so viel Geduld wie alte. Außerdem wollte ich ja auch bloß ein paar Hapse abbeißen – schließlich war es *mein* Geschenk, und den Browns würde es egal sein. Mir aber nicht. Ich biß also kräftig zu, und ihr könnt mir glauben: Noch nie habe ich so etwas Köstliches gefressen wie diesen Truthahn. Weihnachten, so fand ich jetzt, war doch eine der besten Ideen, auf die die Menschen je gekommen sind.

Ich hatte mich ungefähr halb durch mein knuspriges Geschenk gefressen, als mir ein bißchen schlecht wurde. Das einzige, was man in einer solchen Situation tun kann, ist, sich hinlegen und schlafen, und das wollte ich. Bevor ich einduselte, dachte ich daran, daß ich der glücklichste Hund der Welt wäre. Vielleicht würden die Browns ein bißchen enttäuscht sein, daß ich mein Geschenk schon *vor* Weihnachten entdeckt hatte. Aber es lohnte sich jetzt nicht mehr, den Puter in den Ofen zurückzuschleppen – außerdem würden sie vermutlich sowieso lachen und sagen, was für ein schlauer Hund ich doch sei, daß ich mein Weihnachtsgeschenk schon gefunden hatte.

Aber das haben sie dann nicht gesagt, und sie haben auch nicht gelacht, und ich war alles andere als der glücklichste Hund der Welt.

Es kam alles ganz anders.

Als Mrs. Brown am nächsten Morgen in die Küche kam, weckte mich ihr entsetztes Wutgeschrei nicht nur aus tiefstem Schlaf – es verwandelte mich auch sofort in ein bibberndes Häufchen Elend. Nie in meinem Leben habe ich solche Angst gehabt. Auf ihr Schreien hin kamen Mr. Brown, Tony und Tina die Treppe runtergerannt, und man konnte ihren Gesichtern ablesen, daß sie nicht etwa enttäuscht darüber waren, daß ich mein Geschenk zu früh gefunden hatte – der Truthahn war nämlich gar nicht mein Geschenk.

Der Truthahn war der Weihnachtsbraten.

Woher sollte ich das, bitte schön, wissen? Ich versuchte ihnen zu erklären, was passiert war, aber ich wußte gleich: Sie würden es nie begreifen. Vielleicht Tony und Tina, weil sie beide sagten, es sei nicht meine Schuld, und später sagte Mrs. Brown noch, es sei Mr. Browns Schuld, weil er den Backofen-Türgriff nicht heilgemacht hatte. Aber daran hatte sie wohl nicht gedacht, als sie mich mit dieser wütenden, entsetzten Stimme aufweckte, und auch nicht, als ich im Schuppen draußen saß und mich langsam von einem schweren Schock und plötzlichem Durchfall erholte.

Trotzdem: Am Nachmittag hatten sie offenbar beschlossen, mir zu verzeihen, und Tina durfte mich wieder ins Haus holen. Und dann passierte etwas Überraschendes. Mrs. Brown hatte nämlich *tatsächlich* ein Weihnachtsgeschenk für mich! Es war ein Gummiknochen. Ich bitte euch – ein Gummiknochen! Kann man sich etwas Widerwärtigeres als einen Gummiknochen vorstellen? Stellt euch vor, ihr sollt an einem Gummiknochen herumkauen, nachdem ihr gerade einen halben Truthahn verspeist habt. Mir wurde schon vom bloßen Geruch schlecht. Aber wie ich schon oft bemerkt habe, die Menschen begreifen so etwas nicht. Genauso wütend wie sie darüber waren, daß ich mich über das beste Weihnachtsgeschenk der Welt gefreut hatte, genauso würden sie mich dafür lieben – ich hatte das schon im zartesten Alter kapiert –, wenn ich so tat, als ob ich mich über das blödeste Weihnachtsgeschenk der Welt freute. Ich nagte also an diesem Knochen herum, wedelte mit dem Schwanz, japste und rollte mit den Augen.

»Bitte«, sagte Mrs. Brown, »er mag ihn!«

Wenn man Weihnachten unbedingt glücklich sein muß, dann hat man glücklich zu sein.

Quellenverzeichnis

Althaus, Peter Paul
Dr. Enzians Hundewelt, S. 97
Aus: Peter Paul Althaus läßt grüßen. Die Traumstadtgedichte von Peter Paul Althaus. © Pendragon Verlag, Bielefeld 2003.

Anonym
Der neidische Hund. Legende aus dem Stall, S. 41
Aus: Weihnachtsspuk. Weihnachtliche Geschichten aus Schottland. Herausgegeben und aus dem Englischen übertragen von Tilmann Kleinau. © 1997 Deutscher Taschenbuch Verlag, München.

Arnet, Edwin
Weihnachtslegende vom überfahrenen Hündchen, S. 58
Aus: Weihnachtsbüchlein der Buchdruckereien Stäfa AG und Küsnacht, Stäfa 1966.

Arnim, Elizabeth von
Weihnachten in einem bayerischen Dorf, S. 91
Aus: Elizabeth von Arnim, Weihnachten. Ausgewählt von Angelika Beck. © Insel Verlag Frankfurt am Main und Leipzig 2000.

Black, Dorothy
Serenas Weihnachtsgeschenk, S. 49
Aus: Weihnacht in Schottland und England. Erzählungen. Ausgewählt und übersetzt von Elisabeth Schnack. Die Arche, Zürich 1986. © Jochen H. Schnack, Bad Dürkheim.

Duve, Karen
Besuch vom Hund, S. 34
Aus: Karen Duve, Keine Ahnung. Erzählungen. © Suhrkamp Verlag Frankfurt am Main 1999.

Jandl, Ernst
ernst jandls weihnachtslied, S. 12
Aus: Ernst Jandl, Poetische Werke in 10 Bänden. Herausgegeben von

Klaus Siblewski. © 1997 by Luchterhand Literaturverlag, München, in der Verlagsgruppe Random House GmbH.

Lawson, Jessie Kerr
Twinkle oder Liebst du meinen Hund, so liebst du mich, S. 68
Aus: Weihnachts-Dinner. Weihnachtliche Geschichten aus Nordamerika. Herausgegeben von Wieland Grommes und Tilmann Kleinau. Aus dem Amerikanischen von Wieland Grommes. © 2000 Deutscher Taschenbuch Verlag, München.

Marchand, Dominique
Stille Nacht Zaubernacht, S. 28
Stille Nacht Zaubernacht. Ein Lied von Dominique Marchand. Erzählt von Géraldine Elschner mit Illustrationen von Albrecht Rissler. Michael Neugebauer Verlag, Gossau 2000.

Polgar, Alfred
Vor Weihnachten, S. 30
Aus: Alfred Polgar, Kleine Schriften. Band 2: Kreislauf. Copyright © 1982 by Rowohlt Verlag GmbH, Reinbek bei Hamburg.

Sagan, Françoise
Eine Hundenacht, S. 13
Aus: Françoise Sagan, Augen wie Seide. Erzählungen. Aus dem Französischen von Margaret Carroux. Ullstein Verlag, Frankfurt am Main/Berlin 1992.

Silverstein, Shel
Der Weihnachtshund, S. 57
Aus: Shel Silverstein, Raufgefallen. Gedichte und Zeichnungen. Aus dem Amerikanischen von Harry Rowohlt. © 1979 Evil Eye Music, Inc. Copyright © 2009 by Kein & Aber AG, Zürich.

Tschechow, Anton
Wanka (Aus dem Russischen von Vera Bischitzky), S. 21
Aus: Anton Tschechow, In der Sommerfrische. Erzählungen 1880-1887 (Band 1 der Gesammelten Erzählungen in vier Bänden). © 2003

Patmos Verlag GmbH & Co. KG, Artemis & Winkler Verlag, Düsseldorf.

Wilson, David Henry
Superhunds Weihnachtsgeschenk (Aus dem Englischen von Helmut Winter), S. 99
Aus: Wenn Weihnachten kommt. Herausgegeben von Barbara Homberg. Verlag Friedrich Oetinger, Hamburg 1982. Abdruck mit freundlicher Genehmigung von David Henry Wilson durch die Agentur Liepman, Zürich, und von Susanne Plath.

»Weihnachtszeit«

Anthologien
im insel taschenbuch

Alle Jahre wieder. Ein Weihnachtsbuch. Erzählungen, Lieder und Bilder aus alter und neuer Zeit. Ausgewählt von Gottfried Natalis. it 1362. 447 Seiten

Das Buch vom Schnee. Lesestoff für Wintertage. Herausgegeben von Simone Frieling. it 2695. 224 Seiten

Fröhlicher Advent. Geschichten, Gedichte, Lieder und Bilder für die schönsten Tage des Jahres. Herausgegeben von Franz-Heinrich Hackel. Großdruck. it 2356. 242 Seiten

Geschichten vom Christkind und vom Weihnachtsmann. Ausgewählt von Peter Wenzel. it 2973. 112 Seiten

Geschichten vom Nikolaus. Gesammelt von Felix Karlinger. it 1769. 146 Seiten

Happy New Year. Geschichten und Gedichte zum Jahreswechsel. Ausgewählt von Gesine Dammel. it 2980. 112 Seiten

Märchen zur Weihnacht. Ein Hausbuch für groß und klein. Herausgegeben von Franz-Heinrich Hackel. it 1649. 292 Seiten

Die schönsten Weihnachtsgedichte. Von Martin Luther bis Robert Gernhardt. Herausgegeben von Gesine Dammel. it 2580. 128 Seiten

Die schönsten Weihnachtsgeschichten. Ausgewählt von Gesine Dammel. it 2830. 144 Seiten

NF 21/1/8.03